THOMAS WORCH

SPREEWALD

Jedes Jahr werden Millionen von Büchern verkauft, alle in Plastik eingeschweißt.
Die Folie schützt das Buch, aber leider nicht die Umwelt.
Deshalb verzichten wir auf die Plastikfolie.

CIP-Titelaufnahme der Deutschen Bibliothek
Worch, Thomas:
Spreewald : Spaziergänge durch die Niederungen und Hochwälder des Spreewaldes und seiner Umgebung / Thomas Worch. Fotos von Claus Berndt und Klaus Esche, u.a.. - 1. Aufl. - Berlin : Stattbuch-Verl., 1991
(Land & Leben ; 3)
ISBN 3-922778-33-X
NE: GT

16 DM

Redaktion Klaus Esche
Lektorat Klaus Esche, Angelika Oldenburg
Gestaltung Klaus Esche
Herstellung Klaus Esche
Belichtung Intertext, Berlin
Lithos Reprowerkstatt Rink, Berlin
Druck Fuldaer Verlagsanstalt

LAND & LEBEN 3

THOMAS WORCH

SPREEWALD

SPAZIERGÄNGE DURCH DIE NIEDERUNGEN UND HOCHWÄLDER DES SPREEWALDES

FOTOS VON CLAUS BERNDT UND KLAUS ESCHE u.a.

TEUPITZ
EGSDORF
NEUENDORF
TORNOW
HAMMER
WASSERBURG
MÄRKISCH
BUCHHOLZ
Halbe
Teurow
Neuendorf
Alt
Schadow
Hohenbrück-
Neu Schadow
Leibsch
Neu Lübbenau
Neuköthen
KÖTHEN
Freidorf
Oderin
Briesen
Groß Wasserburg
Radeland
Dornswalde
KLEIN ZIESCHT
Glashütte
Kliasdorf
Staakow
Krausnick
Schlepzig
Krugau
Friedrichshof
Rietzneuendorf
Friedrichshof
Waldow
Schönwalde
Mahlsdorf
ALTGOLSSEN
PRIEROW
GOLSSEN
Freiwalde
Hartmannsdorf
Lubolz
LÜBBEN
GUBENER
VORSTADT
Zützen
Gersdorf
Reichwalde
Kasel-Golzig
Niewitz
Falkenhain
Schiebsdorf
TREPPENDORF
STEINKIRCHEN
Drahnsdorf
Vetsch
Zauche
NEUENDORF
Kümmritz
Zieckau
Rüdingsdorf
Kreblitz
Duben
Freimfelde
Terpt
Ragow
Gießmannsdorf
Karche
LÜBBENAU
Pitschen-Pickel
Zaacko
Groß Radden
Klein Radden
Falkenberg
Uckro
LUCKAU
Cahnsdorf
Alteno
ZERKWITZ
Willmersdorf
Langengrassau
WITTMANNSDORF
Freesdorf
Frankendorf
Egsdorf
Groß Beuchow
Waltersdorf
Wüstermarke
Goßmar
Görlsdorf
Kittlitz
Gehren
Schlabendorf
Zinnitz
Waltdrehna
Beesdau
Groß Jehser
Bornsdorf
Bergen
Drehna
Buckow
Weißack
Gahro
Crinitz
Groß Mehßow
Kemmen
CALAU
Großkrausnik
Zeckerin
Großbahren
Bahren
Babben
Schrackau
Werchow
Landschaftsschutzgebiet
LAUSITZER GRENZWALL

Giesensdorf
Kummerow
Stremmen
Kossenblatt
Briescht
Ranzig
Leißnitz
FRIEDLAND
Lindow
Groß Briesen
Klein Briesen
Glowe
Sabrodt
Trebatsch
Günthersdorf
Weichensdorf
Chossewitz
Wittmannsdorf-Bückchen
Niewisch
Möllen
Mittweide
Schuhlen-Wiese
Pieskow
SCHWIELOCHSEE
Ressen-Zaue
Zaue
Ressen
Speichrow
Schadow
Trebitz
Ullersdorf
Klein Muckrow
Groß Muckrow
FORST
Leibchel
Jessern
Goschen
Lieskow
Reicherskreuz
Dollgen
Goyatz-Guhlen
Goyatz
Guhlen
Gliatz
DAMMENDORF
Dammendorf
Doberburg
Mochlitz
Groß Leine
Siegadel
LIEBEROSE
Jamlitz
Staakow
STAAKOWER WALD
Blasdorf
Mochow
Lamsfeld
Lamsfeld-Groß Liebitz
Groß Liebitz
Klein Leine
MÜNCHHOFE
Hollbrunn
LSG
Waldow
Sacrow-Waldow
Caminchen
Pechhütte
Sacrow
Laasow
Klein Liebitz
Spitzberg
Schönhöhe
Neu Zauche
Butzen
Wußwerk
Cottbuser Berg
Straupitz
Byhlen
Byhleguhrer See
Drachhausen
Tauer
Landschafts
Mühlendorf
Byhleguhre
Neu Byhleguhre
Prellack
LASSZINS
Drehnow
Turnow
GUBENER VORSTADT
WIESEN
PEITZ
SPREEWALD
Burg Kauper
Schmogrow
Fehrow
DREHNOWER VORSTADT
OTTENDORF
COTTBUSER VORSTADT
Burg Kolonie
Teufelsteich
Burg
schutzgebiet
Striesow
Dissen
Döbbrick
Maust
Raddusch
Naundorf
Müschen
Werben
Guhrow
Briesen
Willmersdorf
Neuendorf
Stradow
Suschow
Sielow
Babow
Ruben
Brahmow
VETSCHAU
MÄRKISCHHEIDE
BELTEN
SASPOW
SCHMELLWITZ
Milkersdorf
Papitz
Kunersdorf
Merzdorf
COTTBUS
BEZ
Klein Lieskow
LOBENDORF
Eichow
Dahlitz
Zahsow
Dissenchen
Kolkwitz
Limberg
Krieschow
STRÖBITZ
Schlichow
Krieschow-Wiesendorf
Glinzig
BRANITZER SIEDL.
KLEIN STRÖBITZ
Hasow
Missen
Wiesendorf
SACHSENDORF
Branitz
Hänchen
Kackrow
MADLOW
Kiekebusch
Kahren
Ogrosen
Laasow
Neue Siedlung
Klein Gaglow
Gallinchen
Göritz
Bärenbrück
Jänschwalde
Schwenow

Inhaltsverzeichnis

Stiller Winkel bei Lehde (L. Haase)

Ein Hinweis am Rande:
Da sich Tourismus, Gastronomie und so ziemlich alles auch im Spreewald im Umbruch befindet, können einige der genannten Adressen, Öffnungszeiten und ☎-Nummern schon wieder überholt sein.
Wir bitten die Besucher des Spreewaldes um Verständnis und um eine schöne Postkarte an den Verlag, falls sich etwas geändert haben sollte:
Stattbuch Verlag
Gneisenaustr. 2a
W-1000 Berlin 61

Vor der Fahrt

In den zwanziger, dreißiger Jahren war das Niederungsgebiet Spreewald ein beliebtes Ziel für die schnelle Erholung am Wochenende, die Eisenbahn der Zubringer nach Lübben, Lübbenau und Vetschau. Zu Zeiten der DDR war der Spreewald für viele ein Muß, wollte man der Trostlosigkeit der Städte entkommen. Doch so ganz wird man auch im Spreewald der jüngsten Vergangenheit nicht ausweichen können; Wegweiser veralteter Technologie, die Kraftwerke bei Lübbenau und Vetschau, weisen dem Besucher den Weg, und wenn Wälder sich ihrer erbarmen und schamvoll verdecken, sind deren Ausflüsse immer noch wahrnehmbar, der Braunkohletagebau hat die Landschaft waidwund geschlagen.
Doch ist das, gottlob, nur ein Teil der Wirklichkeit im Spreewald und Besserung der Verhältnisse ist versprochen.
Der andere Teil ist Spree-wald, im wahrsten Sinne des Wortes Spree und Wald: eine Landschaft mit einem Netz von nahezu 300 kleinen und mittleren Wasserläufen, Teichen und Seen. Sie haben alle etwas mit der Spree zu tun, die sich hier notgedrungen verästeln mußte, bis sie endlich nördlich von Lübben ihr Bett wiederfindet. Diese Unzahl von Fließen und Kanälen sind es, die dem Spreewald ihre natürlichen - und künstlichen - Stempel aufgedrückt haben. Sie sind es, die die Vegetation und die Fauna zu dem haben werden lassen, was man heute auf beschaulichen Wasserfahrten oder Wanderungen zu Fuß oder mit Fahrrad ansichtig wird und beobachten kann.

Im Frühling grünt es, wie selten in anderen Landstrichen zu erleben. Hier, auf den befestigten und bebauten Kaupen, wird der Winter gerne mit großen Feuern verabschiedet, war und ist er doch noch immer der Unwägbare, der trotz raffinierter Wassertechnik mühsam erarbeitetes Land gefährden kann. Zu Ostern begegnet man an den Fließen dem alten sorbischen Brauch des Wasserschöpfens. Im Sommer hängt die Hitze träge und voll Wasser über den Fließen, in den Gärten quillt das Gemüse über, ist spürbar, wie sich Vogelwelt und Niederwild schont. Von gelb bis dunkelbraun sind die Wälder des Spreewaldes im Herbst, Zeit, die Ernte hochbeladen auf Kähnen in die Scheune zu fahren. Zeit auch für das sorbische Erntedankfest, dem "Hahnrupfen". Im Winter ist der Spreewald nicht weniger anziehend wie in der warmen Jahreszeit, denn die endlosen Schlangenlinien der Fließe und überschwemmten Wiesen

garantieren einen herrlichen Spaß auf Schlittschuhen. Und die sorbische Fastnacht, Zapust, ist ein faszinierendes Spektakel, dessen alleiniger Besuch eine Reise lohnt.
Dieser Reiseführer möchte dem interessierten Leser die eigenartig stille Natur des Spreewaldes, die Gebräuche und Sitten der Bewohner näherbringen. Die Zeichen der sorbischen Kultur hier - vordergründig sichtbar an den zweisprachig gehaltenen Ortseingangsschildern - sind kostbare Spuren, die, lange Zeit geschützt durch die Unzugänglichkeit der wasser- und waldreichen Region, dem heutigen touristischen Zugriff von innen wie von außen empfindlich ausgeliefert sind. Die aktive Bewahrung solch seltener Kulturgüter sowie der schonende Umgang mit einer unvergleichlichen Lagunenlandschaft wird jedem ein Bedürfnis sein, der sich auf einen Besuch des Spreewaldes eingelassen hat.

ANFAHRT

Von Berlin aus mit der **Eisenbahn** von Bahnhof Lichtenberg bzw. Königs Wusterhausen, Richtung Görlitz, bis Lübbenau, Vetschau, Cottbus.
Fahrzeiten zwischen 70 und 110 Minuten, je nach Zugverbindung
Jeweils vom 1.5. bis 30.9. verkehrt ein **Linienbus** zwischen Berlin und dem Spreewald. Abfahrt täglich 8.30 Uhr am U-Bahnhof Rudow. Ankunft in Lübben 9.35 Uhr, in Lübbenau 9.55 Uhr. Rückfahrt ca. 18 Uhr. Kostenpunkt 17-20 DM

Fahrräder sind ohne Umstände per Bahn mitzunehmen und für den Spreewald das ideale Transportmittel.

Mit dem **Auto**
auf der Autobahn Richtung Dresden/Cottbus bis Lübbenau, ca. 100 Kilometer

IN DEN OBERSPREEWALD

Der Oberspreewald wird im Norden durch die Orte Fehrow, Straupitz, Alt Zauche, Radensdorf und Lübben begrenzt. Der Südrand verläuft entlang der Dörfer Werben und Boblitz und der Städte Vetschau und Lübbenau ebenfalls nach Lübben.
Vor über hundert Jahren berichtete Theodor Fontane über eine Reise in den Oberspreewald: "Es ist ein voll- und dichtbestandener Erlenwald, wie es ihrer in sumpfigen Niederungen allerorts gibt ..."
Heute ist das ursprünglich sumpfige Areal des Auenwaldes Oberspreewald auf einen bescheidenen Rest im Hochwald zugunsten von Wiesen-, Weiden- und Ackerflächen, durchzogen von Kanälen, Dämmen und Fließen, zurückgedrängt.
Und Fontane: "... überhaupt stehe die Bemerkung, daß der Spreewald nur dort reizend und eigentümlich ist, wo sich Leben und

Kultur ihm zugesellt. Die Dörfer und ihre Felder, die Menschen und ihre Trachten sind sein Reiz, nicht jene Wiesen und Waldflächen."
Oh doch, Herr Fontane; auch diese landschaftsprägenden Elemente des Spreewaldes sind schön - besonders, wenn man die Stille und die Einsamkeit sucht. Den Besucher erwartet ein Wechselspiel weiter Wiesen, baumumstandener Fließe, schattiger Kanäle und dichter Laubwälder.
Nichts desto trotz hat auch Fontane ein Quentchen recht: Über Jahrhunderte prägten die Sorben diese Niederungslandschaft, sie bauten Häuser, machten das Land urbar. Die Überreste ihrer Kultur, gerade im Burger Raum im östlichen Oberspreewald, machen tatsächlich den besonderen Reiz dieses Landstrichs aus.
Lübbenau, die größte Stadt des Spreewaldes, Lehde und sein Freilandmuseum, Burg mit seiner klassischen Siedlungsstruktur und dem sagenumwobenen Schloßberg sowie Straupitz am nördlichen Rand des Hochwaldes gehören zu den wesentlichen Stationen dieses Teils der Reise.

INFORMATIONEN ZIMMERVERMITTLUNG

Fremdenverkehrsverein
Ehm-Welk-Str. 15
7543 Lübbenau
☎ 22 36

ESSEN & TRINKEN

Deutsches Haus
Hauptstr. 38/39

Zum Grünen Strand der Spree
Maxim-Gorki-Straße

Strandcafé
Ernst-Thälmann-Straße

Spreeschlößchen
Spreestr. 10

Spreewaldeck
Maxim-Gorki-Str. 31

WOHNEN

Deutsches Haus

Schloßhotel
Schloßbezirk
☎ 81 26 oder 23 73

MUSEUM

Spreewaldmuseum
Schloßbezirk
Mai-Okt
täglich außer Di
9-17 Uhr

Lübbenau (Lubnjow)

Wenn man nicht mit der Bahn, sondern unbedingt auf vier Rädern in den Spreewald fahren will, ist die Autobahnabfahrt Lübbenau ist nicht zu verfehlen: Gleich nach der dampfenden und rußenden Kraftwerksanlage mit den sieben 140 Meter hohen Schornsteinen kann die Schnellstraße verlassen werden.
Auf der F 115 fährt man dann an der Peripherie des eingegrauten Boblitz entlang. Es ist schwer vorstellbar, daß vor dem Bau des Kraftwerks Fließe dieses Dorf durchzogen. Schwer auch vorstellbar, daß man sich hier bereits im Spreewald befindet.
Auf der linken Seite folgen einfallslose Fünfziger-Jahre-Bauten und ungepflegte Gleisanlagen mit der Bahnstation Lübbenau.
Die Rückseite des Kraftwerkes ist an dieser Stelle der Stadt sehr nahe. In der Vergangenheit rieselten aus dem Qualm der Schornsteine in der Stunde bis zu 43 Tonnen Asche auf die nähere und weitere Umgebung. Vorhandene Filter waren meist kaputt oder wurden nicht eingeschaltet.
So beginnt Lübbenau mit dem realsozialistischen Relikt aus der Zeit, als aus der Stadt ein sogenannter "Industriegigant der Energiewirtschaft" gemacht werden sollte. In diesen Jahrzehnten stieg die Einwohnerzahl von 6000 auf über 24 000.
Durch den forcierten Ausbau der Energieproduktion verlor Lübbenau ab 1945 den Charakter einer kleinen, beschaulichen Ackerbürgerstadt, deren Existenz kaum über die Grenzen der Niederlausitz hinaus bekannt war.
Der Spreewald wurde zum Einzugsgebiet binnenländischen Massentourismus degradiert, Lübbenau zur zentralen Auffang- und Verteilerstelle des bitter notwendigen Kurzweils.
Doch Lübbenau besteht nicht nur aus allzu schnell hochgezogenen und allzu schlecht arbeitenden Anlagen der Industrie: wer die Durchgangsstraße verläßt und rechts zum Zentrum abbiegt, dem künden krummes Kopfsteinpflaster, schmale Seitengassen und zweigeschossige Gründerzeithäuser von einer im letzten Krieg unzerstört gebliebenen und in den Strukturen erhaltenen Altstadt.

Lübbenaus Stadtgeschichte reicht weit zurück, mindestens bis in das Jahr 1315; das Jahr, in dem die Stadt Lübbenau, laut einer Urkunde, mit neun Dörfern der Umgebung von den Ylenburgs an

(K. Esche)

den Ritter *Christian Lange* verkauft wurde. Sie müssen also Lübbenau bereits vor dem Verkauf vom Dorf zur Stadt erhoben haben. Von den *Ylenburgs* hat sich das Stadtwappen erhalten: ein Fisch, umgeben von den Ylenburgischen Sternen, zwei über, einer unter dem Fisch.
Ausgrabungen von Resten einer slawischen Wallanlage, deren Holzkonstruktion sich im morastigen Grund nahe des Schlosses gut erhalten hat, beweisen den sorbischen Ursprung der Siedlung und lassen Rückschlüsse auf Ort und Besiedlung bis in das 9. Jahrhundert zu.
Den Mittelpunkt der Stadt bildet seit alters her der *Marktplatz*. Er ist umgeben von den typischen herrschaftlichen, aber schmucklosen zweigeschossigen Bürgerhäusern; keines älter als dreihundert Jahre. Vor dieser Zeit bestand Lübbenau aus einer Ansammlung von Gehöften, die dann diesen Häusern zu weichen hatten.
Aus den Anfängen vor ca. 250 Jahren ist auch die Stadtkirche *St. Nicolai* (1738-1741) erhalten. Sie beherrscht den Markt, ohne zu protzen. Wohl wegen ihrer schlichten Fassade, der im 19. Jahrhundert der barocke Überfluß genommen wurde. Die Innenausstattung dagegen zeigt noch den architektonischen Ursprung, wie das barokke Wandgrab (1765) rechts vom Altar, ein schwarzer Marmorprunksarg mit allegorischen Figuren des *Grafen Moritz Karl von*

BOOTSVERLEIH

Genossenschaft der Kahnfährleute
Verkehrsbüro am Hafen
☎ 22 25

CAMPING

Campingplatz
Am Volkspark
(Nähe Schloßbezirk)
☎ 35 33

Lübbenauer Stadtkirche (K. Esche)

Lynar. Graf Moritz initiierte den Umbau der Kirche. Er gehörte dem Adelsgeschlecht an, das 1621 die Standesherrschaft kaufte, die sich bis 1945 im Eigentum der Lynars befand. Ebenfalls barock ist das Taufbecken vor dem Altar, eine Muschelschale, gehalten von einem lebensgroßen, knieenden Engel.
Die Lynars wollen bald zurückkommen, meint ein Lübbenauer im Arbeitshemd und Hut, der vor der Kirche steht und sich mit einem Zimmermann unterhält. Freude kommt nicht auf bei dieser Spekulation über die Zukunft.
Auf dem Marktplatz werden frisches Obst, Gemüse und Gartenblumen aus eigenem Anbau und Trödelwaren angeboten. Die berühmte, sauer eingelegte *Spreewaldgurke* in Senf-, Pfeffer- und Salzvariation ist an fast allen Ständen vertreten.
Gurken sind das Kulturgut Nr. 1 des Spreewaldes, wurden zum Symbol des wichtigen familialen Kleinfeld-Gemüseanbaus. Flämische Siedler brachten vor vierhundert Jahren, als holländische Tuchweber ins Land geholt, die Gurkenzucht mit. Und auch der Zwiebelbau reicht bis in die Anfänge des Gemüseanbaus im Spreewald, in das 15. Jahrhundert, zurück.
Ein Rathaus sucht man am Markt vergebens. Es befindet sich seit 1910 in einem ehemaligen Kaufmannshaus in der Mittelstraße, die von der Kirche aus rechts beginnt.

Altes Rathaus von Lübbenau (C. Berndt)

In gleicher Richtung vom Marktplatz, in der Ehm-Welk-Straße, steht am Topfmarkt das *ehemalige Rathausgebäude,* ein dreigeschossiger roter Ziegelrohbau. Er trennt zugleich die Altstadt vom Stadtteil Stottoff, der Lübbenauer Vorstadt.
Durch den burgtorartigen Durchgang des Rathauses kam einst Theodor Fontane auf seinen "Wanderungen durch die Mark" in die "unbestrittene Spreewaldresidenz". Die Spreewaldreise war für ihn höchst umständlich, die Veröffentlichung seines Reiseberichts deckte gerade die Kosten der Fahrt.
Bereits damals hing im Torbogen an einer kräftigen Kette der Kiefernknochen eines Riesenwals. Von der sächsischen *Postmeilensäule* davor (1740) konnte schon Fontane die zurückgelegte Strecke ablesen.
Das 1850 errichtete Rathaus wirkt wie ein Stadttor und diente auch diesem Zweck. Seit dem Umzug der Ratsherren wird es als Kreisgericht genutz.
Dem Haus ist kaum seine Bedeutung für das gestärkte Selbstbewußtsein der Bürgerschaft anzusehen. Seit im 10. Jahrhundert deutsche Eroberer die slawische Wallanlage niederbrannten und von einer neuen Burg die sorbische Bevölkerung regierten, hielt sich die Selbstbestimmung, der Wohlstand und Eigenbesitz der Ackerbürger in Grenzen. Das lag vor allem an den oft wechselnden

Kiefernknochen: Geschenk eines Lübbenauer Walfischfängers (C. Berndt)

Eigentümern Lübbenaus und seiner Umgebung. Vom 16. bis zum Anfang des 17. Jahrhunderts vergrößerte *Graf von Schulenburg* auf Kosten der Ackerbürger seinen Grundbesitz erheblich, indem er denjenigen das Land nahm, die ihre Schulden nicht begleichen konnten. Der Schuldner mußte dann seinen ehemals eigenen Boden in Erbpacht nehmen.

Ab 1621 begann mit den Grafen von Lynar ein weiteres langes Kapitel im Streit zwischen Großgrundbesitzer und Bürgerschaft. Die Stadtväter wollten nach dem Dreißigjährigen Krieg mehr Selbständigkeit und hatten sich ein eigenes Stadtsiegel angeschafft. Der Graf zog vor Gericht und gewann den Prozeß. Daraufhin ließ er Zinn- und Kupfergeschirr pfänden, aus dem später die Dachrinnen des Schlosses gefertigt wurden.

Allein 150 Jahre lang stritt sich die Bürgerschaft mit dem Grafen um den Lübbenauer Bürgerwald. Nach der bürgerlichen Revolution 1848 fiel er an die Stadt, doch zuvor noch ließ der Vorbesitzer den Wald abholzen.

Bei der Aufhebung der Gutsuntertänigkeit in der ersten Hälfte des 19. Jahrhunderts umfaßte der Besitz der Lynars rund 30 Dörfer, 13000 Hektar Wiesen, Wald und Acker und 10 000 Untertanen. Für die 7000 Hektar Land, das Lübbenau und die Bauern der Dörfer

Schloß Lübbenau mit Schlangenwiese (K. Esche)

erhalten hatten, mußten Ablösegelder an den Grafen gezahlt werden. Das schlichte Ziegelstein-Rathaus ist sicher mit den prunkvollen Rathäusern vieler anderer Städte nicht vergleichbar, doch der finanzielle Aufwand, mit dem der Bau betrieben wurde, spricht für die Lübbenauer.

Vom Marktplatz aus führt die Spreestraße über eine Wehrbrücke an einer ehemaligen Wassermühle vorbei zum sagenreichen *Schloßbezirk.*
Schon von weitem erkennt man am Ende der Straße zwischen der ehemaligen Verwaltung (Rentament) und den Pferdeställen aus der Zeit von 1744-48 das schmiedeeiserne Eingangstor und dahinter, in Ockergelb gehalten, die ehemaligeKanzlei, diente also ursprünglich der Standesherrschaft als Verwaltungs- und Gerichtsgebäude. Heute ist darin ein Teil des *Spreewaldmuseums* untergebracht, das sich auf dieses Schloßgebäude verteilt und dazu die Außenstelle Lehde unterhält. In den Räumen hier wird die wirtschaftliche und politische Entwicklung des Spreewaldgebietes ausführlich dargestellt.
Zwischen Kanzlei und Schloß stehen unter hohen Bäumen in einem neuzeitlichen Hallenbau die einzig erhalten gebliebene Schmal-

spurlokomotive der ehemaligen Spreewaldbahn und ein Pack- und Personenwagen aus dem Jahr 1897.
Die Bahn gehörte bis 1970 genauso zum Spreewald wie der Spreewaldkahn oder die eingedeichten Wiesen und verband die Ortschaften mit Cottbus und dem Schwielochsee.
Viele Daten und technische Details sind in der Ausstellung zu finden, aber nur wenig darüber, wie schwer es den Einheimischen gefallen ist, auf die "Spreewaldguste" zu verzichten. Vielleicht ändert sich demnächst auch etwas an der "Geschichtsbewältigung einer Schmalspurbahn". Sicher wird man dann mehr über die wirklichen Gründe ihrer Demontage erfahren können.
Nur wenige Schritte vom Hallenbau entfernt steht das 1817-20 im klassizistischen Stil errichtete *Schloß*. Zwei lange Flügel treffen fast rechtwinklig aufeinander. Zwei abgestumpfte Türme überragen auf der Rückfront den Bau. Zuvor stand an gleicher Stelle eine Renaissance-Wasserburg.
Was die Lübbenauer über den Abriß der Burg und den Neubau zu erzählen hatten, wurde von Fontane folgendermaßen wiedergegeben: "Die Lynars, so heißt es, waren von alten Zeiten her nicht glücklich in ihrer Ehe. Friede wurde Unfriede, Segen wurde Unsegen, man trug es von Geschlecht zu Geschlecht wie ein Fluch. Als der letzte lebende Graf dem Tage seiner Vermählung nahe war und voll innigster Liebe zu seiner Braut des harten Geschicks gedachte, das auch ihrer warten möchte, trat eine Zigeunermutter an ihn heran und sagte: Begrab das Schloß, so begräbst du euren Fluch."
Es muß geholfen haben, denn ein Zeitzeuge berichtete Fontane: "Friede zog ein und Glück und Segen". Und über die Gräfin sagte er: "Sie war ein Engel".
Das neugebaute Schloß, tadellos in Schuß, wird heute als Hotel und Restaurant ohne Sterne geführt. Es ist der gastronomische Stolz der Kleinstadt.
Vor dem Hotel breitet sich eine ungemähte, aber gepflegt wirkende Rasenfläche aus. Um sie spinnt sich ebenfalls eine Legende, die Sage vom Schlangenkönig: *"In Lübbenau lebte ein Kaufmann, den es Tag und Nacht quälte, wie er recht reich werden könnte. - Aber es wollte nicht vorwärts mit ihm. Da hörte er von dem Schlangenkönig sprechen, der täglich im Parkgarten erschiene und auf dem schönen Rasen desselben sich zu sonnen liebe. Wer dessen Krone habe, der werde unermeßlich reich. Das ging dem Kaufmann zu Herzen. Er beschloß, die Krone zu rauben, es koste was es wolle. Oft schlich er sich in den Garten und sah das schöne Tier im Grase liegen; aber der Schlangenkönig, als ahne er die Gefahr, duckte*

Immer schön der Reihe nach - Lübbenauer Spreewaldhafen (K. Esche)

sich in das Grün des Rasens nieder, sooft er des Kaufmanns ansichtig wurde. Da bat dieser um die Erlaubnis, auf dem Schloßrasen ein Stück Leinwand bleichen zu dürfen und breitete nun das weiße Gespinst auf dem sonnigen Platze aus. Als der Schlangenkönig mit seinem Gefolge wieder erschien, um an alter Stelle seinen Hof zu halten, war auch der Kaufmann da. Er saß auf einem kleinen schwarzen Pferde, verborgen hinter dem Busch- und Baumwerk des Parks. Die Sonne schien hell auf das weiße Linnen und der König glitzerte darauf in seiner ganzen Pracht. In diesem Augenblick brach der Kaufmann aus seinem Versteck hervor und den Hals des Pferdes mit der linken Hand umklammernd, während seine rechte Hand dicht über den Erdboden hinfuhr, riß er jetzt, wie ein plötzlicher Windstoß, dem Schlangenkönig die Krone ab.
Der Kaufmann wurde reich, Lübbenau hingegen arm.
Der Schlangenkönig und sein Gefolge kamen nie mehr in den Park. Im Schloß fragte man ängstlich hin und her, wo sind unsere Schlangen? Endlich erfuhr man, was geschehen. Seitdem bemühen sich die Lynars wiedergutzumachen, was die Habsucht des Kaufmanns verbrochen hat. Man schont den Rasen und pflegt mit Vorliebe jene sonnige Stelle. Und siehe da, die dauernd ausgestreckte Hand scheint endlich zur Versöhnung geführt zu haben. Die Schlangen sind wieder da."

Im Park tummelten sich früher tatsächlich viele Schlangen, die sogar die Schloßtreppe hinaufgekrochen sein sollen und im Wappen der Lynars ihren Platz fanden: es zeigt zwei Felder mit blühendem Lein, zwei andere mit einer sich windenden Schlange.
Gezirkelte Wege führen von hier in den schattigen, beinahe finsteren Schloßpark, der nach 1817 im englischen Stil umgestaltet wurde. Hohe Bäume, Sumpfgestrüpp, Fließe, Brücken, das steht, wächst und fließt auf einer Halbinsel zum lichten Schloßpark hin. Zwei Spreearme, von Schilf und Erlenbüschen umsäumt, trennen den Park von den Feldern und ausgedehnten Wiesen des Spreewaldes.
Ein Schüler des Gartenbauarchitekten *Fürst Pückler-Muskau* entwarf diesen Park, der dem Lehrer zwar zur Ehre gereicht, aber nicht mit dessen Meisterwerk, dem → *Branitzer Park* in Cottbus, verglichen werden kann.
Vis-à-vis dem Schloß steht die *Orangerie* aus der Zeit zwischen 1820 und 1830. Hier werden Gemälde, Porzellane und Gläser aus drei Jahrhunderten aufbewahrt. Wechselnde Ausstellungen der zeitgenössischen Kunst ergänzen diesen Bereich des Spreewaldmuseums.
Beinahe läuft man Gefahr, in dieser musealen Schloßanlage, zwischen Stadtgeschichte und den Legenden um eine Adelsfamilie, den eigentlichen Grund der Reise, die Spreewaldlandschaft, zu vergessen - wäre da nicht der Weg an der Orangerie vorbei durch ein unscheinbares Tor.

Unvermittelt steht man vor dem Lübbenauer *Spreewaldhafen*. Er ist der größte und meistfrequentierte, wenngleich nicht der schönste Anlegeplatz im Spreewald. Da sind die kleinen Häfen, über die jedes Lokal verfügt, und von denen aus jeder vorbeikommende Kahn wie ein Taxi bis zur nächsten Anlegestelle benutzt werden kann, schon weitaus einladender - spreewäldischer.
An dem rechten Bohlenkai haben die typischen flachen, an Bug und Heck abgestumpften Kähne des Spreewaldes aus Holz oder verzinktem Blech als stille Reserve festgemacht. Ihre Sitze, in Zehnerreihe hintereinander, gleichen harten Gartenbänken.
Fahrgäste sammeln sich auf der gegenüberliegenden Seite um die Männer mit Kapitänsmütze. Dort auch reihen sich die Selbstbedienungsstände, Kioske, Gartentische und die "Essen-Ausgabe-Stelle" für die Hafengäste.
Der Lübbenauer Hafen ist der Ausgangspunkt für Tagesfahrten durch das Geflecht unzähliger Fließe und Kanäle in den Hochwald

Winter am Lübbenauer Hafen (K. Esche)

und für kürzere Touren zu den Spreewalddörfern Lehde und Leipe. Nach wenigen Stößen - eine kräftige Stange dient dem Kapitän als Ruder - geht die Flußreise bereits durch schmale, von Erlen beschattete Fließe in die feuchten Wälder des Spreewaldes hinein.

Spreewaldgurke, Sauerkraut

Da die Gurke zum Spreewald gehört wie das Wasser zu den Fließen, ist es an der Zeit, über sie ein paar wenige Worte zu verlieren.
Der Spreewälder Gurkenanbau selbst ist dabei eher nebensächlich, denn auch in anderen Gebieten werden Gurken angebaut und zum Teil in noch größerem Umfange als im Spreewald. Auf das Rezept kommt es an!
Ein Großteil der Gurken, die in Lübbenau weiterverarbeitet, also "veredelt" werden, stammten bislang aus Polen. Sie gelangen als Senf-, Gewürz- und sauere Gurken in die Läden. Hier im Spreewald pflegt man die speziellen Rezepturen und die dazugehörigen Traditionen.
Früher saßen die Frauen auf dem Hof um einen riesigen Berg Gurken und trafen wie beim Wein eine Auslese, wuschen sie in großen Bottichen und schälten sie. Männer schütteten dann die Gurken von einer Leiter aus in große Fässer. Salz wurde hinzugegeben, um der Gurke den Fruchtzucker zu entziehen, von dem sich die Bakterien nähren, die die Milchsäuregärung bewirken: Die Gurke wird so lecker sauer.
Mehrere Wochen dauerte dieser Prozeß und wenn es dann im Winter in den Fässern gärte, wurden die Gurken herausgefischt und zum Verkauf abgepackt. Heute wird in den zwanzig Einlegereien im Spreewald Ätznatronlauge hinzugegeben und das Ganze auf siebzig Grad erhitzt. Schon nach einer Nacht sind die Gurken für den Handel bereit.
Was dabei mit angesetzt wird, ob Kirsch-, Wein- oder Nußblätter, Zitronenmelisse, Liebstöckl, Estragon oder Basilikum, bleibt heute wie damals wohlbehütetes Geheimnis der Spreewälder. Der Spreewälder Gurkengeschmack soll unvergleichlich würzig und konkurrenzlos sein, meinen einheimische Feinschmecker. Woran es nun wirklich liegt? Am Spreewälder Wasser natürlich - behaupten sie!

Die Herstellung des Sauerkrauts hingegen ist recht einfach und gänzlich ohne lokalpatriotische Geheimnisse. Es wird noch immer in traditioneller Weise "getreten". Das geschieht in drei Meter hohen und zwei Meter fünfzig dicken Fässern, in denen Männer stehen, das geschnittene Kraut nach Schichten von jeweils 20 Zentimetern salzen und es anschließend festtreten.

Das Fließ als Gurken-Theke (J. Wermann)

Natürlich sind die Gummistiefel sauber und werden nur zu diesem Zweck benutzt.
Die agrarischen Produkte des Spreewaldes und vor allem die Gurken waren schon immer Exportartikel. Sie gelangten in DDR-Zeiten unter den verschiedensten "Decknamen" in die Läden Europas. Jetzt wollen die Landwirte wieder ihre Produkte unter dem Markenzeichen "Spreewald" verkaufen. In Deutschland soll dafür eine spezielle Filialkette aufgebaut werden.

INFORMATIONEN ZIMMERBERMITTLUNG

Fremdenverkehrsverein Lübbenau
Ehm-Welk-Str. 15
7543 Lübbenau
☎ 22 36

ESSEN & TRINKEN

Logierhaus
Lehde
mit Übernachtungsmöglichkeiten
☎ Lübbenau 29 63

Zum fröhlichen Hecht
Lehde
mit Übernachtungsmöglichkeiten
☎ Lübbenau 27 82

Gaststätte und Pension Oppot
Lehde
☎ Lübbenau 28 44

Cafè Venedig
Lehde
☎ Lübbenau 23 63

MUSEUM

Freiland-Museum
Mai-Okt
täglich außer Mo

Eine Wanderung von Lübbenau zum Freilandmuseum Lehde

Gleich hinter dem Lübbenauer Hafen und einem bald folgenden Abzweig beginnt der Wanderpfad nach Lehde und seinem Freilandmuseum. Zuvor überquert man die erste Spreewald-Holzbrücke. Diese Brücken - Bänke genannt - sind durch Treppenstufen oder Rampen so erhöht, daß die flachen Kähne nicht nur mit Fahrgästen, sondern auch mit einer reichlichen Fuhre Heu passieren können. Manche dieser Brücken in den abgelegenen Winkeln des Spreewaldes gleichen Hühnerleitern und gehören mit zu dem eigenwilligen Landschaftsbild des Spreewaldes.
Schon geht man wie durch ein sumpfiges Dickicht, auf einem erhöhten, vom dichten Laubdach der Erlen und Birken beschatteten Weg, den zwei Wassergräben fortan begleiten. Vermodernde umgestürzte Bäume vermitteln einen Eindruck von Urwald, Erlen erheben sich auf Erd-Bulten aus dem Sumpf, über dem schillernde Libellen scheinbar in der Luft stehen, Frösche hocken reglos ohne Quaken am Weg.
Es herrscht eine eigenartige, wassergesättigte Stille. Nur die Attakken der vielen Mücken sind spürbare Zeichen von Leben.
Ab und zu schimmert durch das Gestrüpp das Weiß von Häusern. Dann wird der Wald etwas lichter, und es sind Wiesen und die Umrisse von Heuschobern im Hintergrund zu erkennen.
An der Weggabelung muß man nach links abbiegen und die Hauptspree überqueren, um nach knapp einer halben Stunde das 600 Jahre alte Lehde zu erreichen.
Wer geradeaus weitergehen will, kommt nach Leipe, das vor wenigen Jahren nur auf dem Wasserweg zu erreichen war. Von dort führt jetzt eine Landstraße weiter bis nach Burg.
Lehde kann als typische Spreewaldgemeinde bezeichnet werden: ein von Wasseradern durchzogenes, von naßfeuchten Wiesen umgebenes Lagunendorf mit traditionellen Blockhäusern und den Spuren sorbischer Lebenskultur.
Vor den Toren Lübbenaus mußten diese Gegebenheiten zwangsläufig zum Verlust einiger spreewäldischer Traditionen führen.
Das begann recht harmlos: Zuerst warb ab 1882 der Direktor einer Kunstgewerbeschule und selbst Kunstmaler, Professor *Woite,* unter seinen Kollegen und in Kunstvereinen für Lehde, das Klein-Vene-

(K. Esche)

dig des Spreewaldes. Es entstanden idyllische Landschaftsbilder, die, hoch begehrt, mit zur Belebung des Fremdenverkehrs beitrugen.

Erst das Jahr 1957 markiert den tiefgreifenden Einschnitt in das trotz allem abgeschiedene Dasein Lehdes, als "Klein-Venedig" zur Kulisse des Freilandmuseums wurde, wo seitdem die Bau- und Wohn- und Lebensweise der alten Sorben im Spreewald den Besuchern vorgeführt wird.

Das allerdings geschieht mustergültig, wenngleich es Heerscharen von Touristen waren, die sich von nun an zum "Museumsdorf" Lehde staken ließen. Allein 1985 bestiegen 500 000 Sommerfrischler die Lübbenauer Spreewaldkähne, und die meisten von ihnen besuchten auch Lehde. Schlagartig ebbte dieser Ansturm mit der Grenzöffnung ab, die Gegend strahlt wieder Dörflichkeit aus: Dorfbewohner staken den mit Heu oder Kürbissen hochbeladenen Spreewaldkahn von den Wiesen und Gemüsefeldern nach Hause.

Bevor 1936 der Fußweg und die kleine Asphaltstraße von Lübbenau nach Lehde angelegt wurde, verbanden nur die Fließe Dorf und Stadt. Auch heute, im Zeitalter des Automobils, werden sie für umfangreichere Transporte genutzt.

Nicht nur als Einstieg für eine spätere Spurensuche im Spreewald nach alten Sitten und Gebräuchen ist ein Rundgang durch das Freilandmuseum lohnenswert.
Im Spreewald wird mit dem Holz der Erle und Pappel und mit Schilfrohr gebaut - die natürlichen Rohstoffe des Spreewaldes. Diese Baumaterialien sind nicht sehr alterungsbeständig, weshalb die Blockhäuser im Spreewald selten älter als zweihundert Jahre sind. Pfähle wurden in den morastigen Boden gerammt, große Feldsteine bildeten den Untergrund für die Schwellen. Die Stämme wurden in der Mitte durchsägt und übereinander an den Pfählen befestigt.
Um Kälte und Wind abzuhalten, sind die Ritzen mit Lehm und Werg verschmiert; aus dem selben Grunde wurden die Türen und Fenster recht klein gehalten. Die Satteldächer aus Rohr sind steil, um das Regenwasser besser ablaufen lassen zu können.
Der Giebel wird von hölzernen Schlangenkönigen mit Krone abgeschlossen, die weit über den First hinausragen - häufig der einzige Schmuck an den Behausungen. Der Schlangenkönig ist eine wichtige Figur in der sorbischen Sagenwelt, der unter anderem die Macht besitzt, Schlangen vom Haus fernzuhalten.
Im Lehder Freilandmuseum findet man die drei wichtigsten Spreewälder Gehöft-Typen: die des Zentralspreewaldes aus Lehde und des Siedlungsspreewaldes aus Burg, beide in der Blockbauweise errichtet. Die dritte Hofanlage, ein Fachwerkbau, stammt aus dem nördlichen Randgebiet bei Straupitz.
Der erste Hof umfaßt ein großes Wohn-Stall-Haus, einen Schweinestall und ein Backhaus. An den Hauswänden sind alte Gebrauchsgegenstände der Bewohner aufgehängt - Fischernetze, Garten- und Ackergeräte. In den Räumen werden von alten Lehder Dorfbewohner überlieferte Handwerke vorgeführt, so zum Beispiel am Webstuhl.
Der Besucher tritt in den ersten Raum, die Futterküche ein, in der das Viehfutter gekocht wurde. Die große Stube schließt sich an, in der sich die gesamte Familie, Kinder, Eltern und Großeltern, aufhielt. Auffallend ist das große Bett, das sich alle Generationen zu teilen hatten. Nur eine Ausnahme gab es von dieser Regel: Nach der kirchlichen Eheschließung durften die jungen Eheleute vier Wochen auf dem Boden am Schornstein im Heu schlafen. Danach ging es unweigerlich zurück ins Familienbett.
Ein schmaler Flur verbindet den Wohnbereich mit dem Stallteil, der aus einer kleinen Vorratskammer, der Tenne und dem Kuhstall besteht.

(K. Esche)

Das Nachbargebäude diente als Schweinestall. Die Tiere wurden wegen ihres strengen Geruchs getrennt vom Wohnhaus gehalten. Gegenüber vom Schweinestall steht das Backhaus. Der Ofen dort wurde nur alle vier Wochen angeheizt; denn erst ab einem Zentner Brotteig lohnte sich die Mühe.
Die zweite Hofanlage aus dem Burger Raum stammt aus der zweiten Hälfte des 18. Jahrhunderts. Rechts steht das Doppelstuben-Haus. Die Tür befindet sich in der Mitte des Gebäudes. Man betritt den Flur, auf jeder Seite eine Tür, dahinter jeweils ein Zimmer. In diesem Haus lebten die Generationen getrennt. Den Jüngeren gehörte immer der größere Raum. Dort befindet sich jetzt eine anspruchslose Ausstellung präparierter Tiere des Spreewaldes. Auch die große Stallscheune, an der Stirnseite des Wohnhauses, ist in einen großen und in einen kleinen Stall aufgeteilt, in dem das sonstige Vieh der jungen und der alten Leute getrennt untergebracht war.
Der Stall-Galerie-Bau, vis-à-vis vom Wohnhaus, war der Schweinestall, darüber befand sich die Mägdekammer. Das bayrische "Fensterln" wird wohl bei dieser Geruchslage in Burg kaum in Gebrauch gewesen sein. Man traf sich wohl eher auf einer trockenen Wiese, verborgen im hohen Gras.

(K. Esche)

Neben dem Stall steht ein alter Bienenstand. Zuerst füllte das Bienenvolk die Strohkörbe mit Honigwaben. Dann bauten sie darunter in rechteckigen Holzkästen weiter. Der Bauer entnahm für sich nur den Kasteninhalt, die Honigwaben in den Körben blieben den Bienen vorbehalten.
Ein Kahnschuppen schließt dieses Gehöft zum Ogreno-Fließ ab. Ein vollbeladener Kahn mit Heu konnte darin ohne Umstände untergestellt werden. Ein neun Meter langer Einbaum, Vorläufer des heutigen Spreewaldkahns, ist dort zu sehen.
Am Rande des Spreewaldes war die Fachwerkbauweise sehr verbreitet. Der letzte Hof des Museums ist solch ein Wohnhaus mit einem sich anschließenden Wirtschaftsgebäude aus dem Jahre 1816, an das ein Galerie-Stall von 1877 mit einer großen Durchfahrt angefügt ist. Rechts davon steht ein Giebel-Umgebindehaus, ein sogenanntes Auszugshaus, in das sich die alten Leute zurückzogen. Als Umgebinde werden um die Blockstube gestellte Längs- und Querpfosten und Holzrahmen bezeichnet, die dem Haus einen besonderen Halt geben, zum Beispiel für einen schweren Webstuhl.
Abseits von allem liegt wie zufällig ein Mühlrad im Gras, auf dem man für einen Augenblick von diesem Teil der folkloristisch aufbereiteten, sorbischen Geschichte ausruhen kann.
Gleichgültig, wo man hingelangt bei den Wanderungen durch den

(K. Esche)

Spreewald, fast überall findet man derartige Zeichen der sorbischen Kultur. Das beginnt im Dorf Lehde, durch das sich besonders eine Kahnfahrt anbietet.
Am Lokal "Zum fröhlichen Hecht" vorbei durchstreift man den Ort. Brücken führen über die vielen Fließe, jedes Haus am Wasser hat einen eigenen Hafen, "Gäßchen" genannt. Einige Häuser sind noch mit Rohr gedeckt, Scheunen in der traditionellen Blockhausbauweise errichtet, die Gärten voller Gemüse und Blumen.
Die Asphaltstraße führt durch einen Erlenwald an Wiesen und an einem schmalen Fließ entlang nach Lübbenau zurück.

KAHNRUNDFAHRTEN

Auskunft und Abfahrt
Hafen der Freundschaft
Genossenschaft der
Kahnfährmänner
7743 Lübbenau
Postfach 49
☎ 22 25

Nach Lehde
Freilandmuseum,
Dauer zwei Stunden

Zur Gaststätte Wotschofska
Dauer vier bis fünf Stunden

Hochwald-Rundfahrt
über Wotschofska,
Gaststätte Eiche,
durch den Hochwald,
nach Leipe,
zurück nach Lübbenau,
Dauer acht bis zehn Stunden,
Frühstück, Mittagessen,
Kaffee- und Kuchenpause

ESSEN & TRINKEN

Zum Fröhlichen Hecht
Lehde
☎ Lübbenau 23 63

Café Venedig
Lehde
☎ Lübbenau 23 63

Wotschofska
☎ 24 01

Gasthof Eiche
☎ Leipe 245

MUSEUM

Freilandmuseum
Mai-Okt
täglich außer Mo

Eine Kahnpartie durch den Spreewälder Hochwald

Über den Lübbenauer Hafenplatz quäkt eine Lautsprecherstimme den Fährmann zu seinem Kahn. 30 bis 40 Personen haben sich für eine der vier angebotenen Kahntouren zusammengefunden. Noch in der 1989er Saison waren diese Bootspartien von zwei bis acht Stunden Dauer restlos ausgebucht. Man mußte früh aufstehen und lange anstehen, um eine Chance zu haben.
Der Besucherrückgang - wenn er denn so bleibt - wird der Spreewälder Landschaft nur guttun und vielleicht den Anwohnern die Atempause verschaffen, die für ein Umdenken in der Tourismusbranche und für die Landschaft nötig ist.
Die Fährmänner jedenfalls staken noch gelassen ihre halbleeren Kähne durch die Spreewaldfließe,sie machen diesen Job meist im Nebenberuf. Viele sind selbständig geworden, arbeiten in der Forstwirtschaft oder betreiben den Gemüseanbau wieder in die eigene Tasche. Die Alten unter ihnen verdienen sich ein gutes Zubrot zur Rente und staken die Besucher mehr aus Liebe zu ihrem Spreewald durch die Fließe.

Die große Hochwald-Rundfahrt durch die Lübbenauer Kaupen dauert gut acht Stunden und führt über Lehde nach “Wotschofska”, durch den Wehrkanal nach der Försterei "Schützenhaus" und auf dem Nordfließ zum Gasthof “Eiche”, zurück dann durch die Mutnitza über Leipe nach Lübbenau. Kürzere Variationen werden ebenfalls angeboten. Sie nehmen dieselbe Strecke wie die große Rundfahrt, doch mit weniger Zwischenstationen. Wem die Fahrt zu lang wird, der kann bei jedem Halt den Kahn verlassen und zu Fuß seinen Weg fortsetzen.

Mit gleichmäßiger Bewegung bohrt der Fährmann die Ruderstande in den schlammigen Grund des Wassers. Das Boot gleitet lautlos durch schmale und flache Fließe an den Lübbenauer Kaupen entlang, Talsandinseln, die kaum merklich aus dem nassen Grund herausragen und auf denen meist die Häuser gebaut werden.
Weiter gleitet man an schilfgedeckten Häusern vorbei, aus mächtigen Holzblöcken zusammengefügt. Auf den Wiesen stehen birnenförmige Heuschober, in den Gärten wachsen Gurken, Kürbisse,

(K. Esche)

Zwiebeln, Meerrettich und Salbei. Die Beete und Ackerflächen sind meist schmal und lang angelegt. Von Humusschichten aus den Wiesenebenen gut sichtbar gehoben, werden die Pflanzen vor drohenden Überschwemmungen geschützt.
Wandert man an den Fließen während der Erntezeit entlang, kann es sein, daß ein vollbeladener Kahn vorbeizieht, der die Feldfrüchte zum Hof oder zum Markt fährt. Vor den Gehöften können sich Kürbisse zu Bergen türmen.

Nach weiteren zwanzig Minuten gleitet der Nachen durch das Laubportal von Lehde. Durch die Blätter schimmern moosbedeckte Schilfrohrdächer.
Das Wasserstraßen-Ortseingangsschild ist erreicht. Der Lehder Graben wird zur Dorfstraße, die abzweigenden Fließe und Kanäle verbinden sich zu Gassen. Auf jeder Insel steht ein Haus, mit anderen Inseln verbunden durch Brücken und Stege. Der Kanal wird zum Gartenzaun.
Gärten und Obstbäume umgeben die Wohnhäuser. An den Brücken hängen Briefkästen, rupfen Gänse Gras, die Wiesen reichen bis an die Fließe heran, Holzpfähle sichern die Erde vor dem Abrutschen. Einige Kanäle enden in den kleinen Haushäfen mit Bootsschuppen. Auf handgemalten Schildern werden Äpfel und Tomaten angeboten, und auch die Gurke fehlt nicht.
Das Boot macht im Hafen von Lehde fest - vielleicht Zeit für eine Kaffeepause im "Fröhlichen Hecht" oder für einen Besuch des Freilandmuseums gegenüber auf der anderen Seite des Kanals.
Der schon eingangs erwähnte Professor Woite, einer der ersten Maler und namhaftester Werber für den Spreewald, richtete damals im "Fröhlichen Hecht" ein offenes Atelier ein. Vielleicht lernte er auf einer der ersten Gesellschaftsfahrten durch den Spreewald Lehde kennen, die der Lübbenauer Lehrer und Chronist *Paul Fahlisch* 1882 ins Leben rief. Nach der ersten eigenen Begegnung mit dieser Landschaft kann man nachvollziehen, weshalb der Spreewald den Professor und viele andere ein Leben lang nicht mehr los ließ.

Hat sich die Reisegesellschaft wieder am Kahn eingefunden, beendet auch der Fährmann seinen Plausch mit Bekannten oder seine Pause auf der Brücke. Vom Lehder Graben stakt er den Kahn dann in den breiten Wehrkanal, der den Lübbenauer Bürgerwald durchschneidet und am Lokal "Wotschofska" vorbeiführt.
Kleinere Entwässerungskanäle zweigen vom nun erlenumgrenzten Wasserlauf ab. Nicht weit entfernt verharrt reglos die Silhouette eines Graureihers; ein Weißstorch gleitet auf der Suche nach Fröschen mit gleichmäßigem Schwingenschlag über die Wiesen. Manchmal, so erzählt der Fährmann, kann man den kleinen, kurzschwänzigen, gelb und rot gefiederten Eisvogel pfeilschnell und zielsicher einen Fisch jagen sehen.
Der Kahn biegt am Rande des Ur-Spreewaldes in die Mutnitza ab und gleitet an den mächtigen Stämmen der Erlen, Ulmen, Eichen und schlanken Pappeln vorbei, um entlang der Polenzoa in wildes

Die Leiper und der sächsische Kurfürst

Der sächsische Kurfürst besuchte mal den Grafen in Lübbenau, und die Untertanen sollten die Feste da mitfeiern. Auch die Leiper kamen und standen da in ihren braunen Kappen und Bärenmützen, jeder Mann mit seiner Frau unterm Arm. Wie nun der Kurfürst herangaloppierte und die Musikanten spielten, fingen die Leiper an zu tanzen. Da fragte der Kurfürst: "Was sind das für Leute?" und gräfliche Hoheit gab zur Antwort: "To su Lipjanje ze Spreewalda, das sind die Leiper aus dem Spreewald." Dann sagte der Kurfürst: "Das sind rechte Ochsen, to su redlich woly." Wie die Leiper nach Hause kamen, fragten die andern: "Was war denn da?" - "Na", sagten die, "Etliche bissen die Stöcke von der Seite, andere von der Quere und am Ende, und der Kurfürst ging immer mit seinem Schimmel auf die Quere. Solche Ehre haben wir uns da geholt!" - Mit den Leuten, die Stöcke von der Seite bissen, meinten sie die Spielleute, die Flöte bliesen und Klarinette. So etwas hatten sie noch nicht gesehen, auch noch keinen Reiter, der galoppiert.

Gestrüpp einzudringen. Unter dem dichten Laubdach umschlingt Wilder Hopfen die Riesenbäume, Wurzeln ragen auf Erdbulten aus dem Sumpf.

Das Wasser ist beinahe schwarz und undurchdringlich, das Weiß der Seerosen spiegelt sich unwirklich.

Die Reisegruppe gleitet, still geworden, durch die Wildnis, die nur von den Stationen der Förstereien "Schützenhaus" und "Kannomühle" bis zum Gasthof “Eiche” unterbrochen wird.

Dort wendet die Gesellschaft und es geht über die Polenzschänke zurück. Hier im Fließ treffen sich die Kähne anderer Touren - die Einsamkeit des Hochwaldes findet ihr Ende.

Über den Leiper Graben geht es an dem etwa mit Lehde gleichaltrigen Fischerdorf Leipe vorbei. Es steht von Wiesen, Bäumen und Büschen umschlossen auf einer ehemaligen Sumpfinsel, die bis 1936 nur auf dem Wasserweg zu erreichen war. Aufgrund der großen Gartenflächen erscheint Leipe bäuerlicher, “trockener” als Lehde.

Die traditionelle Spreewaldfischerei in den Fließen ist auch heute noch ein Nebenerwerb der Bauern im Dorf. Immer noch stricken sich die Fischer die althergebrachten Stell- und Knebelnetze selbst - heute allerdings mit Nylongarn. In das Netz geraten beinahe alle Arten heimischer Süßwasserfische, die bisher leider nur sporadisch auf die Speisenkarten der Spreewaldlokale gelangten - sie sollen genießbar sein.

Bevor der Spreewaldkahn im Heimathafen festmacht, zieht er noch einmal ruhig und ohne Halt an Lehde vorbei.

Hochwasser

Durch das geringe Gefälle der Spree in den Niederungen wurde der Spreewald schon immer von Überschwemmungen heimgesucht. Sie setzten regelmäßig die Wälder und Wiesen unter Wasser, schwemmten Nährstoffe an und begünstigten das Entstehen der Auenlandschaft.
Die Flüsse führen zu jeder Jahreszeit unterschiedliche Wassermengen, entweder durch starke Niederschläge oder Schneeschmelze in den Mittelgebirgen. Hochwasser, sowohl im Frühjahr wie auch im Sommer sind die Folge.
Für die Bewohner bedeutete das eine ständige Bedrohung ihrer Existenz. Die gesamte Heu- und Gemüseernte konnte innerhalb weniger Stunden restlos vernichtet werden, ganze Dörfer versanken in den Fluten, mühsam gewonnene Ackerflächen wurden unter dem Schlamm begraben und waren für lange Zeit unbestellbar.
Zwischen 1855 und 1931 gab es alleine 21 mal Hochwasser. In diesem Jahrhundet brachten die Hochwasserjahre 1926/27/30/38/39/40 die Spreewälder nahe an den wirtschaftlichen Ruin. Die letzten größeren Hochwasserwellen ereigneten sich im Sommer 1958 und 1981.
Die Spreewälder versuchten schon sehr früh, sich vor dieser Naturgewalt zu schützen. Im Burger Spreewald begann man vor 200 Jahren zahlreiche Kanäle und Verbindungsfließe anzulegen, damit das Wasser schneller abfließen kann. Doch erst in den letzten hundert Jahren wurde kontinuierlich und umfassend an der Regulierung der Spree gearbeitet.
Der Lübbener Umflutkanal im Oberspreewald und der Spree-Dahme-Umflutkanal, der ein Teil der Hochwasser vom Ende des Unterspreewaldes zur Dahme bei Märkisch Buchholz ableitet, wur-den angelegt.
Nach 1926 wurden die Staugürtel im Ober- und Unterspreewald errichtet. Die nördlichen und südlichen Randgebiete wurden eingedeicht, die Wiesen in den Poldern entstanden.
Heute gehören die Deiche, Dämme und Kanäle genauso zur Spreewald-Landschaft wie die Erlenwälder und die Fließe.
Die Deiche sind nur mäßig hoch und auf Fußwegen begehbar.
Die Pumpwerke und Schöpfanlagen entwässern bei hohen Wasserständen die eingepolderten Flächen. Ein alter Plan sah vor,

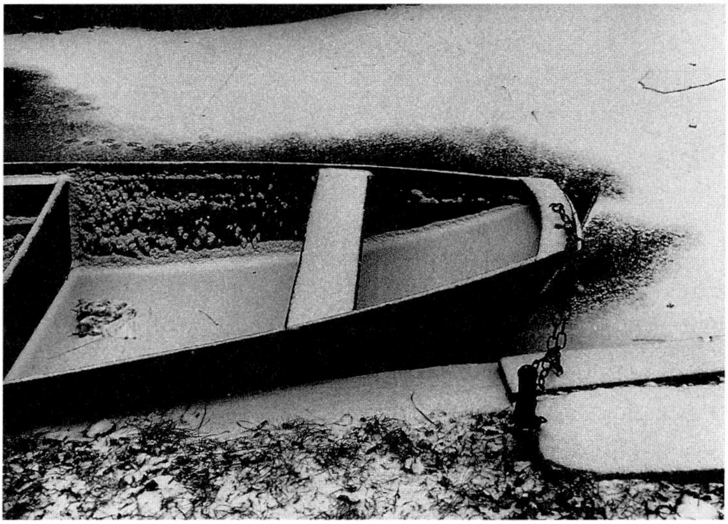

(K. Esche)

einen Kanal vom Ostrand bei Fehrow bis zum Schwielochsee zu ziehen. Dieser Plan wurde aus Geldmangel verworfen.
Jetzt wird eine günstigere Variante erwogen, die dem Spreewald keine weiteren entscheidenden Veränderungen zufügen soll. Er sieht die Regulierung des Hochwassers durch Staubecken bereits am Oberlauf der Spree und an den Nebenflüssen vor. Und in den letzten Jahren wurden in der Spreeniederung, so oberhalb von Lübben, Fließe und der Hauptstrom vertieft und verbreitert - die Nord- und Südumfluter entstanden.

ExtraTour

Ein Spaziergang zur "Wotschofska"

Fast jeder Weg im Spreewald, ob zu Fuß oder mit einem Kahn, führt zu oder endet an einem Gasthof, Orte leiblicher Genüsse und Orientierungspunkte in einer unbekannten Landschaft.
Das gilt auch für die "Wotschofska", eines der ältesten Ausflugslokale des Spreewaldes, als Schweizer Blockhaus errichtet.
Der Name mutet eigentümlich an: Wotschofska stammt ab vom sorbischen "wotso", die Erle, und heißt so viel wie "Erleninsel". Andere Namen verweisen auf örtliche Gegebenheiten, wie "Dubkow Mühle" oder "Zur Bleiche", eine Stelle in den Burger Kaupen, an der die frisch gefertigten Leinentücher gebleicht wurden. Oder sie beziehen sich auf die Geschichte; so erinnert die "Kolonieschänke" an die Kolonialisationszeit. Die schönsten Namen aber haben ihren Ursprung aus alten Sagen und Märchen, wie "Erlkönig" oder "Spreeschlößchen".
Wer von Lübbenau aus Natur sucht und allzu ausgetretene Pfade meiden will, sollte den Lübbenauer Hafen und Lehde umgehen und sich vom "Spreeschlößchen" aus auf dem traditionellen Promenadenweg an der Umgebung erfreuen.
Der gehe vom Marktplatz aus die Spreestraße bis zum "Spreeschlößchen" und beginne den Spaziergang mit der ersten von insgesamt siebzehn Spreewaldbrücken-Bänken bis zur "Wotschofska".
Birken- und Erlenwälder begleiten den Weg, im Sommer schließen sich sattgrüne und blühende Wiesen an, vom stillen Kossoa-Fließ durchzogen. Darüber führen die Bänke als einfache Steige, von denen aus man dem schlängelnden Verlauf der Wasser bis zur nächsten Biegung folgen kann. In den beinahe stehenden Wassergräben kann man Seerosen sehen, und Brombeer- und Himbeerbüsche können Wegzehr geben bis zum Lokal.
Um "Wotschofska" herum breitet sich der dichte, nach der Abholzung von den Lübbenauern wieder aufgeforstete Bürgerwald aus. Der schmale Pfad wird vom Sumpf umgeben, die Erlen und Eschen sind tief herab belaubt, das Gestrüpp ist mit dem Auge kaum zu durchdringen. Ein Geflecht aus starken Wurzelarmen greift in das Fließ, verhindert das Abrutschen des Bodens. Manche Erlen stehen völlig im Uferwasser.
Wie der Name sagt, ist "Wotschofska" eine Erlenerhöhung und

ESSEN & TRINKEN

Spreeschlößchen
Spreestr. 10
☎ 25 03

Wotschofska
☎ 24 01

Fußweg zur "Wotschofska" (L. Haase)

noch immer ein unzugänglicher Ort, würde man von Norden kommen.
Einst flüchteten die Sorben vor den deutschen Besetzern hierher, dann flohen die Spreewaldbewohner vor den Gemetzeln des Dreißigjährigen Krieges. Auch in den anderen Kriegen blieb "Wotschofska" eine rettende Insel. Bis hierher drangen niemals feindliche Armeen vor.
Die Standesherrschaft von Lübbenau ließ an diesem Ort ein Vorwerk errichten, das ab der Mitte des 18. Jahrhunderts als Forsthaus diente. Seit 1894 ist es eine Waldschänke.
Von "Wotschofska" aus einen zweiten sicheren Weg zurückzufinden, wird schwer sein.
Vielleicht steigt man besser in einen der Spreewaldkähne um, die an "Wotschofska" Zwischenstation machen.

Länge, Breite und Gefälle - Kleine Geographie des Spreewaldes

Im Jahre 1328 wurde erstmals der Niederungs-Urwald zwischen Peitz/Cottbus im Osten und Märkisch-Buchholz südöstlich von Berlin als Spreewald bezeichnet.
Diese Niederung ist wahrscheinlich am Ende der Eiszeit entstanden.
Am Südrand der Eisdecke flossen die Schmelzwasser nach Norden und Nordwesten in das Baruther Urstromtal ab, das sich vom heutigen deutsch-polnischen Grenzfluß Neiße über Cottbus bis nach Baruth bei Brandenburg erstreckt. Dort geht es in die Havel- und Elbtäler über und vereint sich mit anderen Urstromtälern, die bis zur Nordsee reichen.
Der Urstrom wusch im Gebiet des heutigen Oberspreewaldes das Tal wannenförmig aus; mitgeführte Sande füllten das Becken auf. Außerdem schob sich ein Schuttkegel bis nach Burg vor.
Bis heute ragen die höchsten Aufwürfe als Inseln und zungenförmige Sanddünen, die später besiedelt wurden, aus der beinahe ebenen Talsohle heraus.
Im Gebiet von Lübben brach der Urstrom nach Norden in ein altes Gletscherzungenbecken durch, den heutigen Unterspreewald, und füllte es ebenfalls mit Sanden auf.
Nachdem der Urstrom versiegte, durchfloß die Spree, aus einem südlicheren Urstromtal kommend, das Baruther Tal auf dem Weg nach Norden.
Am nördlichen Rand des heutigen Unterspreewaldes aber blokkierten Dünen den alten Stromlauf. Die Spree knickte deshalb nach Osten zum Schwielochsee hin ab, um von dort dann weiter Richtung Havel zu fließen. An diesem Knick und bei der Flußenge nahe Lübben stauten sie sich: beide Nadelöhre verhinderten ein starkes Gefälle des Flusses, und die Spree konnte sich nicht tief in das Land eingraben. Sande und Humus schwemmten an; das Wasser findet seinen Weg bis heute nur in unzähligen Fließen durch die Niederung. Es entstand die Einmaligkeit der Auen- beziehungsweise der Niederungslandschaft des Ober- und Unterspreewaldes.
Im Oberspreewald beträgt das Gefälle der Spree und der ihr zufließenden Malxe auf 34 Kilometer nur sieben Meter.

(K. Esche)

Drei Hauptstrombereiche sind auf einer Breite von fünfzehn Kilometern zu erkennen: Der nördliche, mit der Malxe, dem Hammerstrom und dem Großen Fließ, umfaßt den bewaldeten Norden und den Lübbenauer Wiesenspreewald. Den mittleren Bereich im Burger Raum bis Leipe und Lübbenau, durchziehen die Haupt- und Mühlspree. Das Leineweber- und Gorroschoafließ bilden die Südachse.
Auch im Unterspreewald bildete sich ein ähnliches Wasserwegenetz auf einer Länge von 25 und einer Breite vonn fünf Kilometern. Die Spree verzweigt sich dort in den Puhlstrom und die Wasserburger Spree.
Von Westen bis Osten ist der Spreewald 75 Kilometer lang, von Nord nach Süd maximal 15 Kilometer breit.
Das Geflecht aus Flüssen und Fließen wird im Oberspreewald stärker von Hochwasserschutz-Umflutkanälen reguliert, als es im waldreichen Unterspreewald geschieht. Zugleich dienen die Kanäle zur Bewässerung der eingedeichten Poldergebiete in Trokkenzeiten.

INFORMATIONEN ZIMMERNACHWEIS

Stadthaus Vetschau
Schloß
7544 Vetschau
☎ 21 12

ESSEN & TRINKEN

Zum Goldenen Stern

Cafè Stadt Vetschau
Markt 23

Ratskeller

Hotel Volkshaus
Bahnhofstr. 34

WOHNEN

Jugendherberge
Platz der Jugend
☎ 20 26

Tagebau bei Vetschau (K. Esche)

Vetschau (Wetosow)

Vetschau ist eine Stadt, die man nach dem ersten Blick schnell hinter sich lassen möchte. Um so eher, wenn man direkt nach Burg will. Daran ist sicherlich das dampfende und rauchende *Kraftwerk* schuld, südöstlich vor der Stadt in Richtung Cottbus gelegen. Es hat die gleiche abschreckende Wirkung auf den Erholungssuchenden und steht genauso absurd in der Landschaft wie die Lübbenauer Anlage. Beide wurden zur selben Zeit ab 1957 gebaut. Inzwischen ist die Leistung auf ein Drittel gedrosselt, soll auf Null reduziert werden.
Spätestens dann wird wieder ein ungetrübter Blick auf diese im Ursprung wendische Siedlung fallen können, die 1548 das Stadtrecht erhielt.

Nachdem man links in den Ort eingebogen ist, verläuft die Hauptstraße in einem umständlichen Zick-Zack-Kurs. Es geht an einem verwilderten Park vorbei mit einer Gärtnerei. Dahinter erheben sich

Jugendstil in Vetschau (K. Esche)

die grauen Mauern eines Schlosses, das neugierig macht. Der Weg führt erst durch die verwinkelten Gassen der Altstadt. Zweigeschossige Barockhäuser mit durchhängenden Dachstühlen geben sich hier, dicht an dicht, den nötigen Halt. Die Fenster und Fassaden mancher Häuser stehen schief zueinander und verraten unter dem ergrauten, abbröckelnden Putz Fachwerk. Die Gasse öffnet sich zur linken Seite, der Marktplatz ist erreicht.
Spätestens hier sollte man anhalten und sich Zeit für einen Spaziergang nehmen, bei dem man in Vetschau wie in einem Trödlerladen nach alten verstaubten Dingen herumkramen kann.
Der Zentralplatz hebt sich aus dem Grau der Stadt heraus. Wochenmarkt ist hier jeden Tag, und an den Ständen geht es wenig touristisch zu. Es gibt kaum auswärtige Besucher, also auch keine Souvenirstände. Die Dinge des täglichen Bedarfs sind gefragt: Haushaltsgeräte, Socken, Jeans und Obst. Sogar ein mobiler Eisverkäufer aus dem Sauerland ist angereist, um mit italienischem Eis sein Schnäppchen in der tiefen Provinz zu machen. Der Platz wird hufeisenförmig vom stattlichen und zum Teil renovierten doppelstöckigen Barock- und geschwungenen Jugendstilhäusern umrahmt. An der offenen Seite des Marktes ein frühbarockes Eckhaus, der "Ratskeller", wie der Name über dem eingefaßten Türbogen besagt. Während der Innenhof, mit einer typischen Spreewälder Holzgale-

Hof und Galerie vom Ratskeller (K. Esche)

(K. Esche)

(K. Esche)

rie verziert, Tradition und Atmosphäre vermittelt, sucht man dergleichen im Lokal selbst vergebens.
Trotz des bedrückenden Verfalls erstreckt sich das Haus repräsentabel bis zu einem kleinen Durchgang, der zum Kirchplatz führt.
In Vetschau scheint alles Schöne nur im Verborgenen zu existieren, unter einer Schicht Braunkohlenruß versteckt, und erschließt sich dem Besucher erst auf den zweiten, dritten Blick.
So ist es auch mit der Einzigartigkeit der Vetschauer Kirchenanlage. Nur ein gedrungener, 35 Meter hoher, aus Back- und Rasensteinen erbauter Turm mit Türmchenhaube ragt aus dem Häuserkarree heraus.
Er gehört zu einer von zwei selbständigen Kirchen, der Stadt- und der größeren Landkirche, mit einer gemeinsamen Sakristei. Die Kirchen stehen Wand an Wand, und so ergibt sich diese merkwürdig anmutende und ausladende Form des Kirchenschiffs.
Die *Land-* oder *Wendische Kirche* mit Turm entstand im 13. Jahrhundert. Hier wurde sorbisch gepredigt und alte Bräuche gepflegt - vielleicht leben sie bald wieder auf.
Dem Sarg eines Toten zum Beispiel, dem eine Ehe auf Erden nicht beschieden war, trugen junge Mädchen Kränze und eine Brautkrone für das Jenseits nach, die in der Kirche noch lange Zeit aufbewahrt wurden.

Schloß Vetschau (K. Esche)

Kronleuchter, Opferstock und der Altarleuchter stammen aus dem 17. Jahrhundert, der Zeit des Wiederaufbaus der Kirche, die während des Dreißigjährigen Krieges abbrannte. Nur noch der Rumpf des Turms stammt aus dem Mittelalter.

Die andere, die *Stadt-* oder *Deutsche Kirche* enstand 1694 als Kapelle der deutschen Gutsherrenschaft von Vetschau und Umgebung. Im Innern gibt es einen geschnitzten Barockaltar und zahlreiche Wappen. 1709 wurde der Kirchturm in der heutigen Form wiederaufgebaut.

Ein kurzes Stück die Schloßstraße hinauf führt eine hochgewachsene Allee, vorbei an dem *Kavaliershaus* mit Sonnenuhr, direkt zum Portal des burgähnlichen *Schlosses* aus dem 16. Jahrhundert. Nur die dicken Außenmauern und das Kreuzgewölbe erinnern noch an die Zeit der Renaissance, denn zwischen 1721-28 wurde es umge-

Verlassen: Bahnhofsgartenlokal Vetschau (K. Esche)

baut und beinahe mit der gleichen Türmchenhaube wie die der Kirche ausgestattet. Heute tagen im ehemaligen Rittersaal die Stadtverordneten.
Es ist einige Phantasie erforderlich, um den Vorplatz als Park mit Sumpfzypressen erkennen zu können. Unter hohen Bäumen und Gestrüpp umgibt ihn ein Wassergraben. Auf der anderen Seite stehen die Überbleibsel der Schloßgärtnerei, die man bei der Einfahrt in die Stadt bereits sehen konnte.
Früher wurden vom Vetschauer Bahnhof Touristen in Kremsern zum Schloß kutschiert. Nach einer zünftigen Begrüßung durch eine Kapelle und sorbische Tanztrachtengruppen wurden sie dann mit Spreewaldkähnen vom Schloßgraben in das Fließ an den Stradower Fischteichen vorbei nach Burg in den Spreewald gestakt. Jetzt ist das Vetschauer Fließ eine schmutzige Wasserlache. Kremser und Fährleute sind längst Vergangenheit.
Wieder am Marktplatz angekommen, fährt man die Straße weiter bis zur nächsten Linksabbiegung. An der Gleisanlage Berlin-Cottbus die flüchtige Begegnung mit einem vernagelten Bahnhofs-Gartenlokal.
Die kleine Stadt verabschiedet sich mit einem tristen Bahnhof auf der rechten Seite, der hoffentlich bald wieder zum Aussteigen und zum Einstieg in den Spreewald einladen wird.

INFORMATIONEN ZIMMERNACHWEIS

Fremdenverkehrsverein Burg
Gasthof Eiche
7502 Burg
☎ 245

ESSEN & TRINKEN

Zur Linde
Dorfstraße
(Hotel)

Hotel Bleske
Dorf Nr. 2
☎ 210

WOHNEN

Schullandheim Burg
Am Bismarkturm 191
☎ 358

Jugendherberge Burg
Dorf Nr. 220
☎ 225

KAHNFAHRTEN

Arbeitsgemeinschaft der Kahnfährmänner

☎ 465
Zehn Rundfahrten in den Hochwald, nach Lübbenau, Lehde und Leipe

Burg (Borkowy)

Dem Besucher wird es nach einem Aufenthalt im Dorf mit den Ortsteilen Kauper und Kolonie ein Rätsel bleiben, weshalb diese Gemeinde nicht an vorderer Stelle der spreewäldischen Attraktionen genannt wird.
Zwar findet man hier kein Schloß, auch kein Museum im herkömmlichen Sinn. Burg ist fern jeder folkloristischen Aufbereitung seiner Kultur, wie sie zum Beispiel in Lehde fleißig geübt wird. Dafür ist es ur-spreewäldisch im Sinne der sorbischen Geschichte: mitten im Wiesenspreewald, dessen Flächen über Jahrhunderte den sumpfigen Wäldern abgerungen wurden.
Die sorbische Kultur und Sprache ist hier in vielem lebendiger als in anderen Spreewaldgemeinden.
Und es gibt den *Schloßberg,* einen zehn Meter hohen Rundwall mit einem Kilometer Umfang, achthundert Meter vom Burger Spreehafen entfernt. Er gilt als das älteste sorbische Bodendenkmal und ist eine der bemerkenswertesten Fundstätten der Mark Brandenburg.
Sagen erzählen, daß sich auf dieser Anhöhe vor gut 1000 Jahren ein Wendenkönig eine Holzburg hat bauen lassen, nachdem er mit seinen letzten Getreuen vor deutschen Rittern in den Spreewald flüchten konnte - sie soll später im Schloßberg versunken sein.
Dieser Berg steht im Mittelpunkt der wendischen Sagenwelt. Im Erdreich lebten Zwerge, im Volksmund "Lutchen" genannt, kleine Helfer der einfachen Menschen. Und unter der "Galgenbrücke" hauste "Nykus", der Possen treibende Wassermann.
Auf dem Schloßberg erhebt sich ein 1915/17 erbauter Turm über das Land, der in seiner Mächtigkeit nichts mit dem Zauber der Sagen zu tun hat. Als *Bismarck-Turm* eingeweiht, hieß er vierzig Jahre lang "Jugendturm". Im Sommer 1990 erhielt er während eines Volksfestes seinen ursprünglichen Namen zurück. An diesem Tag war es vorerst zum letzten Mal möglich, den Turm zu besteigen - das Geld für die dringend notwendigen Renovierungsarbeiten fehlt.
Von dort oben wird der Spree-Wald seinem Namen gerecht. Laubbäume verbergen die Häuser, nur dichter Wald, unmerklich durchzogen von schmalen Straßen und Wegen.

Der Name des Ortes Burg steht mit dem sagenumwobenen Ursprung des Schloßbergs in keinerlei Verbindung. Burg wurde 1315

Vor 50 Jahren: Ziehbrunnen in Burg (Foto-Steffen)

in einer Lübbenauer Urkunde erstmals als "villa Borgk" erwähnt. Das sorbische Wort “Borkowy” bedeutet soviel wie Kiefernwäldchen.

Mehr als 1000 Jahre lang wurden nur die höher gelegenen eiszeitlichen Schwemmsandflächen im Burger Raum besiedelt, auf denen wohl die schnellwüchsigen Kiefern gestanden haben müssen. Dort befindet sich Burg Dorf, dessen Häuser sich heute noch im Osten an die sandigen Kiefernhaine anlehnen.

Die Siedlungsmöglichkeiten im Dorf waren begrenzt, weshalb sich die Nachkommen oft nach neuen Existenzmöglichkeiten, also nach neuen Land umsehen mußten.

Im tieferen, völlig unberührten Spreewald nordwestlich von Burg fanden sie vom Hochwasser verschonte, weil höhergelegene Flekken, die sogenannten Kaupen. (Kauper stammt vom sorbischen "kupa" ab und steht für Insel bzw. Anhöhe.)

(K. Esche)

Urkundlich erwähnt wurde der Ortsteil Burg Kauper erst im Jahre 1724, als Friedrich I. ausgediente Unteroffiziere und geflohene Sachsen hier ansiedeln ließ.
Obwohl Burg bereits seit 1445, gemeinsam mit Cottbus und Müschen, zu einer brandenburgisch-preußischen Enklave in Sachsen gehörte, strebte erst dieser König eine wirtschaftliche und politische Stärkung des recht eigenständigen Gebietes an.
In aller Eile wurden auf einer Fläche von 1400 Hektar Sümpfe trockengelegt und der Wald gerodet. Und wem von den Neusiedlern es gelang, sein Blockhaus an anderer Stelle und in einer Nacht auf der Kauper aufzubauen, so daß am nächsten Morgen Rauch vom Herd aufstieg, dem wurde der ohnehin geringe Kaufpreis erlassen. Für die einheimischen Sorben galt dieser Angebot nicht. Doch nutzten sie das Gesetz sehrwohl als einzige Chance, überhaupt auf den Kaupen zu siedeln. Wer von ihnen das Blockhaus nicht zur festgesetzten Frist aufgestellt hatte, wurde wieder davongejagt.
Die Landwirtschaft nahm in dieser Zeit neben dem Fischfang an Bedeutung zu. Aber auch Leinwand wurde seit 1748 in Burg Dorf in der "Leinwandfabrique" hergestellt. Dafür holte der König 18 Weberfamilien aus Sachsen ins Land. Später wurde sie auch in einer eigenen Bleiche behandelt.

Das Landschaftsbild erfuhr so tiefgreifende Veränderungen, die Waldfläche verringerte sich zugunsten von Feldern, Wiesen-, Weiden- und Gartenflächen.
Burg Kauper blieb bis heute eine Ansammlung einzeln stehender Gehöfte, die von knorrigen Apfel- und Birnbäumen umgeben sind. Die Gemüsegärten stehen voller Blattsalat, Paprika, Gurken, Meerrettich, Dill, Kohl und Zwiebeln. Sie sind auf den Bodenerhebungen kaum wahrnehmbar, auf denen Wohnhäuser und Holzscheunen stehen. Die tiefergelegenen und nassen Wiesen erstrecken sich dann bis zu hundert Meter weit als Viehweiden, mit Erlenbüschen besetzten Wiesen oder einfach als verwildertes Grasland zwischen den Höfen, irgendwo immer begrenzt durch Kanäle und Fließe.
Die Fläche der gesamten Gemeinde Burg umfaßt 52 Quadratkilometer, auf denen nur 3200 Menschen leben.

Burg Kolonie liegt südwestlich des Dorfes an der Mühlspree. Ab 1763 entstand es auf Befehl Friedrich II., der die Besiedelungspolitik seines Vaters konsequent fortsetzte. Auch er lockte "Ausreisewillige" aus Böhmen, Ungarn, Österreich und Sachsen hierher, denen er 18 Morgen Land und allerlei Vergünstigungen verbriefte, wie die Befreiung vom Militärdienst und freie Holz- und Grasnutzung. Keine geringen Anreize für Kolonisten, sich hier niederzulassen, auch wenn die Urbarmachung hart war, das Leben in der Einöde schwierig. Oft genug vernichtete Hochwasser die gesamte Aufbauarbeit. Nicht wenige der neuen Siedler zogen dann in ungefährdetere Landesteile.

Burg Dorf weist bemerkenswerterweise eine geschlossene Bebauung auf, einige Nebenstraßen, eine Festwiese und die einzige Kirche der drei Gemeinden. Zur Saison nimmt das Dorf am Abzweig in die Kaupen sogar kleinstädtische Züge an. Alles bewegt sich um das weiß getünchte Hotel “Zur Linde” mit Gartenlokal an der Ecke. Neben dieser Nobelherberge gibt es noch genügend andere Hotels, Pensionen und Lokale unterschiedlicher Qualität. Eine schmackhafte Mahlzeit zu ergattern ist allerdings Glückssache.
Was einen Aufenthalt in diesem vielbesuchten Ort angenehm macht, sind die Burger, die sich kaum von den Gästen in ihrem Alltag stören lassen. Sie führen ihr gewohntes Leben, sind mit dem Fahrrad unterwegs, machen sich in Haus und Hof zu schaffen. Zur Mittagszeit fährt ein Traktorist mit seinem Museumsstück auf den Bürgersteig, um seiner Frau die vollen Taschen abzunehmen.

Anlegestelle Burg (K. Esche)

Am Orstausgang Richtung Byhlegure, an einem Brückenwehr, befindet sich der Hafen, ein halbrundes, terrassenförmiges Tribünengebilde. Nur wenige Kähne haben festgemacht, der Hafen könnte aucht nicht mehr fassen. Und auch sonst ist wenig Platz, denn schon an der nächsten Flußbiegung verengt sich die Spree, teilt sie sich schnell in Fließe und Kanäle.

Am Hafen werden zehn Bootsrundfahrten nach Leipe, Lübbenau und in den Hochwald angeboten, die zwischen eineinhalb bis zehn Stunden dauern.

Ein Angebot, das man nicht einfach ausschlagen sollte. Die Anlaufpunkte der Bootsfahrten sind zwar fast die gleichen, wie sie auch in Lübbenau angeboten werden. Doch der hiesige Hafen hat den Vorteil, weit weniger frequentiert zu sein, und manche Kahnpartie auch durch abseits gelegenere Wasserlandschaften führt.

Bis es losgeht, wartet man gemeinsam mit dem Bootsmann auf die fünfzehn Fahrgäste - unter dieser Zahl fängt er erst garnicht mit dem Staken an. Der Fährlohn spielt auch für diesen Spreewaldkapitän eine untergeordnete Rolle. Er arbeitet hauptberuflich als Subunternehmer für die Forstwirtschaft, bereinigt mit Motorsäge und Axt die Flur und verkauft das Holz.

Während der Wartezeit kann man von ihm einiges über das Leben am Fluß erfahren.

(K. Esche)

Und auch Anekdoten: Vor wenigen Jahren kenterte direkt im Hafenbecken ein vollbesetzter Kahn. Eine Rentnerpartie aus Halle saß unvermutet im flachen Wasser. Als man sie barg und am Ufer nachzählte, fehlte eine Frau. Man fand sie unter dem umgeschlagenen Boot, noch immer geduldig in der Spree sitzend. Nach ihrer Rettung meinte sie sehr gefaßt, es sei so schrecklich dunkel im übergestülpten Kahn gewesen.

Wiesenspreewald (K. Esche)

INFORMATIONEN ZIMMERNACHWEIS

Fremdenverkehrsverein Burg
Gasthof Eiche
7502 Burg
☎ 245

Eine Wanderung durch Kauper

Das Gebiet um Burg ist von einer Unzahl von Wegen durchzogen. Neben den gekennzeichneten und dementsprechend häufig benutzten gibt es auch entlegenere, geheimnisvollere, die zu einer Entdeckungsreise zu Fuß oder auf dem Fahrrad einladen und zu dem Trugschluß verführen könnten: Ich bin der erste hier in dieser unberührten Natur.

Die Asphaltstraße biegt von der Hauptstraße zwischen Post und Hotel "Zur Linde" ab. Bevor die Lücken zwischen den Häusern grö-

(K. Esche)

ßer, dafür immer häufiger von Wiesenflächen und vereinzelten Bauernhöfen abgelöst werden, verweist rechter Hand ein Schild auf das Lokal "Zur Bleiche", mit Hotelzimmern direkt an der Hauptspree.
Es verfügt über eine kleine Anlegestelle, die auf einer Rundfahrt von Burg (1 1/2 Stunden) angesteuert wird.
Auch ein *Paddelbootverleih* hat sich am hinteren Ende des Gartens einen günstigen Stellplatz gesichert, da von hier stromab gepaddelt werden kann.
Die Angebote des Besitzers gehen weit über die "normale" Zwei-Stunden-Paddelboot-Tour hinaus, lassen vermuten, daß er als Führer von Wochenendabenteurern eher Gleichgesinnte sucht, die sich mit ihm gemeinsam auf den Weg machen, um auf einsamen Fließen und Flüssen zu den märkischen Seen aufzubrechen. Urlaub im Zelt oder in Herbergen am Fluß bietet er an, mit Fischfang und Naturbeobachtung. Nur in kleinen Gruppen bricht er auf, was zwar beeindruckende Naturerlebnisse verspricht, den Gewinn aber nicht in große Höhen steigen läßt: ein neuzeitlicher Scout.

Nach der "Bleiche" führt die Straße zur "Kolonieschänke", am linken Straßenrand gelegen und Ausgangspunkt verschiedener Wanderpfade. Der Weg über den Holzsteg der Hauptspree führt in das

ESSEN & TRINKEN

Zur Bleiche
Dorf Nr. 205
☎ 246

Kolonieschänke
Kolonie Nr. 17
☎ 214

Waldschlößchen
Kauper Nr. 179
☎ 409

Gasthof Eiche
☎ Leipe 245

WOHNEN

Schullandheim Burg
Am Bismarckturm 191
☎ 358
Führungen durch den Spreewald

Jugendherberge Burg
Dorf Nr. 220
☎ 225

Zur Bleiche
Dorf Nr. 205
☎ 246

KAHNFAHRTEN BOOTSVERLEIH

Von jedem Lokal ist die Fahrt mit einem vorbeikommenden Spreewaldkahn möglich

Kanu-Zentrum Kahlisch
Kontakt:
Gasthof Zur Bleiche
Dorf Nr. 205
☎ 246
Paddelboot- und Zeltverleih, Wasserwandern durch den Spreewald mit Führung

Nahe der "Kolonieschänke" (K. Esche)

Innere von Kauper, über viele Fließe, die oft nur Rinnsalen gleichen, vorbei an Heuschobern und einsamen Höfen. Noch begegnet man hier relativ häufig der typisch Spreewälder Hofanlage. Die Häuser sind zwar im Innern modernisiert, die strohgedeckten Stallungen aber und der Backofen befinden sich oft noch im Originalzustand. In den Stall-Galerie-Bauten werden die Mägdekammern längst als Abstellkammern genutzt. An den rostigen Haken, die vielleicht schon 150 Jahre in den starken Holzbohlen stecken, hängt noch manch ausrangiertes Ackergerät. Die meisten Scheunen sind

(K. Esche)

dem allmählichen Verfall preisgegeben, das Strohdach sitzt zerzaust auf den verwitternden Balken, aus denen die Maserung zentimeterstark hervortritt.
Auch Kahnschuppen gehören meist noch zu diesen Höfen, sofern sie sich an einem Fließ befinden. Sie sehen wie Scheunen aus, in die ein Wasserarm hineinreicht. Früher stellte man hier die mit Heu hochbeladenen Kähne unter.
Biegt man an der Kreuzung in die Straße rechts ein - denn geradeaus käme man an "Dubkowmühle", einem Gartenlokal, vorbei nach Leipe und links über Naundorf nach Vetschau -, dann geht es weiter durch Kauper nach Norden.
Zahlreiche lediglich festgefahrene Wege zweigen von hier überallhin ab, führen über viele Brücken zu einzelnen Höfen, enden mitten in einer Wiese oder an einem der Fließe. Man braucht dann festes Schuhwerk, um über die nassen und blühenden Wiesen weiterwandern zu können. Rehe schrecken auf und flüchten tiefer in die verstrauchten Wiesen, Vögel steigen aus den dichten Brombeerbüschen auf.

An den Abzweigungen der Asphaltstraße stehen auf hölzernen Rampen Milchkannen. Auf Schildern - verläßliche Zeichen für den richtigen Weg - werden Obst und Gemüse angeboten. Der Bauer

(K. Esche)

läßt den Käufer selbst auf den Baum steigen und die Kirschen pflücken. Manchmal zahlt man nur mit Freundlichkeit.

Am Fahrbahnrand nehmen Wiesen, Gräben, Sträucher und dichtes Gebüsch zu, die Gehöfte treten in den Hintergrund.

An einem der nächsten Abzweige wird linker Hand das "Waldschlößchen" empfohlen. Es ist eines dieser idyllischen Gartenlokale mit Hafen, von denen aus ein Abstecher mit Leichtigkeit ein Tagesausflug werden kann.

Weiter geradeaus geht es durch ein Spalier von Apfel- und Birnenbäumen bis zum Wehr, dem Wendepunkt der Landpartie.

Vor der Wehrbrücke ist ein Fußweg am Großen Fließ entlang zu empfehlen, der, am Gartenlokal und Forsthaus "Eiche" vorbei, an der Mühlspree und dem Nordfließ entlang bis tief in den Hochwald hineinführt.

Hinter der Brücke und der Buschmühle, die anstelle der abgebrannten Wassermühle am Ostrand des Hochwaldes entstand und in den dreißiger Jahren ein Logierhaus war, könnte man nach beiden Seiten auf dem Deich des Nordumfluters entlangwandern.

Der zum Teil baumlose und pappelumstandene Kanal trennt schnurgerade den Hochwald von den trockengelegten nördlichen Poldergebieten, deren Wiesen sich bis zum früheren Gutsdorf Straupitz erstrecken.

Die Kauper Straße führt nun überwiegend an Feldern und Wiesen vorbei.

Nachdem die Neue Spree überquert ist, nähert man sich wieder der Hauptstraße, die links nach Byhlegure und rechts nach Burg führt.

Zapustreigen in Fehrow (K. Esche)

Sorbische Feste

Wer einmal ein sorbisches Fest, zum Beispiel den Zapust, das Osterreiten oder das Hahnrupfen erleben will, muß zu einer Tour über die Dörfer aufbrechen.
Dort gehören alte sorbische Bräuche und Feste noch immer zum Alltag der Menschen, markieren die Höhepunkte des Jahres.
In letzter Zeit erlebten sie - wie die Spreewaldtracht - eine unerwartete Wiedergeburt, auch bei der jüngeren Generation. Hinzu kommt, daß die Dörfer südöstlich von Burg wie Werben, Briesen, Dissen bis nach Döbbrick über "wendische" Kirchen verfügen, die zwar in keinem Kunstführer erwähnt werden, aber dennoch manche Kostbarkeit bereithalten, so wie die Kirche im über 1000 Einwohner zählenden Werben.
Die gotische Backsteinkirche aus dem 14. Jahrhundert wurde 1911 erneuert, doch der Turm stammt von 1450 und die Glocken sollen schon im 12. Jahrhundert gegossen worden sein. Das Innere schmücken eine schöne buntbemalte Holzdecke und ein barocker Altar mit Kanzel.

INFORMATIONEN ZIMMERNACHWEIS

Gemeindeamt Werben
Dorfstr. 51
7501 Werben
☎ Burg 349

ESSEN & TRINKEN

Zum Stern
Werben Nr. 1
☎ Burg 362

WOHNEN

Schullandheim Burg
Am Bismarkturm 191
☎ 358

Jugendherberge Burg
Dorf Nr. 220
☎ 225

Osterwasserschöpfen (Foto-Steffen)

In Werben wird der Zapust, die sorbische Fastnacht, noch nach alten Bräuchen gefeiert. Dort gibt es keinen Prinz, keine Masken und kein Elferrat, aber junge Mädchen in farbenreichen Trachten, laute Kapellenmusik, viel Schnaps und junge Männer mit Blumen und Schleifen an den Hüten.
Auch das wilde Durch-die-Gegend-Knutschen gibt es nicht, keine Schunkelveranstaltung wie bei den Kölner "Jecken". Hingegen wird eine großangelegte Kuppelei im liebenswürdigsten Sinne in Gang gesetzt. Das Ritual des Zapust beginnt im Gasthof. Die Dorfmädchen marschieren hinter Pauken und Trompeten ein, stecken ihren Liebsten ein Sträußchen ans Revers. Ganz ohne Garantie, denn welches Paar zusammengeführt wird, um das Fest gemeinsam "durchzustehen", wird vom Zapust-Vorstand an langen Winterabenden ausgeklüngelt und verbindlich festgelegt. Im Vorfeld des Festes gibt es natürlich für die 16-20jährigen genügend Möglichkeiten, auf die Entscheidung des Vorstandes, die "richtige" zugewiesen zu bekommen, Einfluß zu nehmen. "Schmiermittel" ist auch dafür viel Wodka.
Im Saal stellen sich die Mädchen brav und ein wenig verlegen in einer Reihe in der Mitte auf. Dann folgen die Jungen, die ihren Hut vor der zugewiesenen Partnerin ziehen und einen ordentlichen Knicks machen.

Vor der Spinnstube (Foto-Steffen)

Anschließend geht es zum Umzug auf die Straße. Vor der Tür der "bedeutenden" Frauen und Männer des Dorfes wird Halt gemacht. Die Kapelle spielt so lange, bis beispielsweise der Bürgermeister herauskommt und Geld und nicht unerhebliche Mengen Schnaps spendiert, wofür er einen Ehrentanz absolvieren darf. Am Abend wird das Geld von den Paaren beim Tanz "umgesetzt".

In den letzten Jahren verkümmerte der Umzug mehr und mehr, da es immer weniger Gewerbetreibende und Kleinbetriebe gab, selbständige Landwirte gar keine mehr, bei denen es gelohnt hätte zu schnorren, oder, wie es bei den Sorben heißt, zu "zampern".

Wichtig ist die "Vernichtung" von viel Wodka. Je mehr davon beim Zapust durch die Kehlen rinnt, desto besser soll die Ernte werden - verständlich, einer vollen Scheune auf diese Weise zuzusprechen. Verständlich auch, daß es zur Ernte wieder ein Fest zu absolvieren gilt, und dabei wieder - was wohl? - eine gewisse Rolle spielt ...

Früher wurde die Vorbereitung der Feste in der traditionellen Spinnstube eingehend besprochen. Dort trafen sich die Frauen und Mädchen des Dorfes ab Oktober bis in den Februar hinein, um gemeinsam Flachs zu spinnen. Gleichzeitig wurden von der

Burger Hochzeitskahnfahrt (Foto-Steffen)

Spinnstubenältesten, der Kantorka, geistliche und weltliche Sorbenlieder weitergegeben, die auf Hochzeiten, Begräbnissen und zum Ostersingen vorgetragen wurden. Jedes Jahr hatte eine andere Familie ihre Bauernstube zum Flachsspinnen bereitzustellen. Als Dank für den Aufwand half man der Familie im Herbst bei der Kartoffelernte.

Auch die Wochen vor Ostern - die Zeit, als früher das Eis brach, der Winter sich endgültig verabschiedete - sind bei den Sorben von besonderer Bedeutung. Früher wurde mit einer Gänsefeder heißes Wachs auf die Eier als Vier- oder Dreieck, Punkt oder Strich aufgetragen. Heute benutzt man dafür eine Stecknadel. Beim Einfärben des Eis bleiben die wachsbedeckten Stellen frei. Erhitzt man das Wachs und wischt es ab, schimmert das Ei silbrig und ist voller hübscher geometrischer Figuren.
Die Vorbereitungen des Festes werden vom Ostersingen begleitet. An den wird Osterwasser geschöpft, und am Ostersamstag lodert ein riesiges Feuer, das den Winter endgültig vertreiben soll.

Das Erntefest verläuft nicht ganz so friedlich und mag so manchen erschrecken, denn im Spreewald muß der Kokot, der Hahn,

Kirchgang in Burg (Foto-Steffen)

als sorbisches Symbol der Fruchtbarkeit mit seinem Leben für das Ritual herhalten.
Zu diesem Zwecke wird ein Tor aufgestellt und mit Eichenlaub umwunden. Von der Mitte des Querbalkens hängen Schnapsfläschchen und Zigarettenschachteln herab und umrahmen beziehungsvoll den toten Hahn. Mädchen in Trachten mit Gebinden aus Hafer, Gerste, Weizen und Feldblumen umstehen das abgesteckte Feld, Jungbauern auf ihren Ackergäulen sammeln sich am Startplatz. Die Reiter müssen durch das Tor galoppieren und versuchen, dem Hahn den Kopf abzureißen.. Wer das schafft ist Kral, der König des Hahnrupfens. Er und sein Pferd erhalten den Eichenlaubkranz.
Die größte Mühe wenden die Reiter dafür auf, die schweren Gäule auf den richtigen Trab zu bringen. Auch könnte man bei dem Schauspiel meinen, die Schnapsflaschen seien begehrter als der Hahn. Jedenfalls dauert es eine ganze Weile, ehe es einem der Reiter endlich gelingt, den Hahnenkopf triumphierend den Beifall klatschenden Zuschauern zu zeigen.
Entscheidend bei diesem Fest ist für alle der Spaß und das Dankeschön an die Natur.

Spreewaldtrachten

(Foto-Steffen)

So wie sich die Bräuche und Sitten der Sorben im Laufe der Jahrhunderten wandelten, veränderten sich auch ihre Trachten - Praktisches kehrte vielerorts ein, zum Nachteil der Traditionspflege.
Vor hundert Jahren trug man zum Beispiel noch grobe Lederpantoffeln, die beim Tanzen einfach ausgezogen wurden - heute wird im Spreewald schon seit langem handelsübliches Schuhwerk getragen.
Vor allem mit der Industrialisierung legten viele Sorbinnen ihre Trachten immer seltener an, da sie weder für die Fabrikarbeit geeignet waren noch in den Städten tragbar schienen, dort, wo man sich nach der neuesten Mode kleidete. Die Anschaffung und Herstellung der Tracht war außerdem sehr kostspielig und zeitaufwendig.
An der Tracht konnte man früher sogar erkennen, aus welchem Gebiet, ja aus welchem Dorf die Betreffende stammte, auch, ob die Trägerin Braut, eine junge Frau oder Witwe war.
Wesentliche Merkmale der sorbischen Tracht sind der fußfreie Faltenrock, der bis zu sechs Kilo wog und für den man sechs bis sieben Meter Stoff benötigte, und das Mieder, hellfarbige Atlas- oder Seidenschürzen und das Brusttuch.
Besonders auffallend sind die buntbestickten und mit Perlen und Spitze besetzten Kopfhauben (sorbisch. lapa).
Es sind fertig gesteckte ausladende Hauben, die ursprünglich aus einem einfachen Tuch gebunden werden mußten. In Burg werden sie noch getragen. Obwohl der Aufzug sehr farbenfroh wirkt, sind

Im Sonntagsstaat (Foto-Steffen)

Schwarz und Weiß die bestimmenden Grundfarben. Schwarz und Weiß wird zur Trauer getragen, schwarz ist auch das Hochzeitskleid. Zu diesem Ereignis trug die Braut eine abstehende weiße Halskrause aus Spitze, die wegen ihrer komplizierten Herstellung ebenfalls verschwunden ist. Auf dem Kopf saß die hupac, die Brautkrone, aus Perlen, Flitter und Myrtenzweigen. Die Brautjungfern trugen farbenfrohe Kleider. Männer putzten sich weniger heraus. Der Bräutigam trug einen schwarzen Gehrock, lediglich mit ein paar bunten Bändern und Tüchern und einem kleinen Myrtensträußchen geschmückt.

Die Männertracht verschwand als erste aus dem Alltagsleben. Sie bestand aus einem weißen Leinenhemd, einer Weste, weißen Leinenhosen und langen Stiefeln. Ein weißer oder blauer Leinenmantel und eine mit Pelz verbrämte Sackmütze kamen an kälteren Tagen hinzu. Der Sorbe trug sonntags ein seidenes und in der Woche ein farbig bedrucktes Kattunhalstuch.

Doch scheint sich im sorbischen Alltag eine Trachten-Renaissance anzubahnen. Auch außerhalb sorbischer Festspiele und Trachtenveranstaltungen, vor allem an Festtagen, wird die traditionelle Kleidung wieder häufiger aus der Truhe geholt.

Sorbische Trachten können heute im Spreewaldmuseum in Lübbenau angeschaut werden. Oder leibhaftig in Burg zur Sonntagsmesse oder an einem der Festtage in dieser Gegend.

Von Sorben, Slawen und Wenden

Sucht man zwischen Elbe und Oder nach den ersten germanischen Spuren, muß man bis in die Jahrhunderte 600-100 v. Chr. zurückgehen. In diesem Zeitraum breiteten sich germanische Stämme der Jastorfkultur bis an die Oder aus. Der Fluß blieb lange die Trennungslinie zu den slawischen Stämmen. Während der Völkerwanderung im 6. Jahrhundert drangen die ersten slawischen Stämme bis zur unteren Saale und der Elbe vor, und im 7. Jahrhundert bereits waren Mecklenburg, Brandenburg und die Lausitz von ihnen besiedelt.
Im Raum der Lausitz, in dem heute die nationale Minderheit der Sorben lebt, siedelten einst die Milzener in der Oberlausitz, die Daleminzer im Raum Bautzen und in der Unterlausitz die Lutizen.
Die Sorben wurden im Jahr 631 als "surbi" das erste Mal in einer Chronik des fränkischen Mönches Fredegar erwähnt.
Von den westlichen Nachbarn wurden die Slawen als "vendis" bezeichnet, wovon sich der deutsche Name Wende ableitet.
Beinahe das gesamte Territorium der ehemaligen DDR - nimmt man die Elbe als vereinfachte Trennungslinie und läßt die Völker der Sachsen und Thüringer beiseite - hat eine slawische Vergangenheit, ist gar nicht so deutsch.
Viele Orts-, Flur- und Familiennamen reichen bis in diese slawische Vergangenheit zurück. Ab 789 führte Karl der Große Kriege gegen die Slawen und besiegte 806 das Volk der Sorben.
Der erste deutsche König, der sächsische Herzog Heinrich, setzte 919 die Feldzüge fort. Er unterwarf 929 die Hevellern, Daleminzer und 932 die Obodriten und Lutizen. 940 hatte er die gesamten elbslawischen Stämme bis zur Oder unterjocht.
Um das Slawenland endgültig in das Deutsche Reich einzugliedern und es zu "befrieden", wurden im 12. Jahrhundert gezielt deutsche Bauern, Handwerker, Bergleute und Kaufleute angesiedelt. Vor dieser Zeit gab es keinen deutschen Ortsnamen.
Die drei verschiedenen Bezeichnungen Slawen - Wenden - Sorben treffen auf die in Deutschland lebende ethnische Minderheit der Sorben gleichermaßen zu.
Heute leben zwischen Spreewald in der Niederlausitz und Bautzen in der Oberlausitz noch annähernd 100 000 Sorben.

Nach dem Strohdachdecken, 1906 (Foto-Steffen)

Während der deutschen Eroberungskriege zogen sich viele Sorben in das damals unwegsame Sumpfland des Spreewaldes zurück. Ein Grund, weshalb sich ihre Kultur bis auf den heutigen Tag erhalten konnte.
Obwohl die Landschaft des Unterspreewaldes urwüchsiger ist als die des teilweise kultivierten Oberspreewaldes, hat dort die damalige deutsche Kolonisation mehr Erfolg gezeigt als zum Beispiel im Raum Burg. In diesem Gebiet schlug die frühe "Befriedung" sogar in ihr Gegenteil um: die deutschen Einwanderer erlernten die sorbische oder wendische Sprache, ihre eigene Kultur löste sich auf.
Ganz anders in Leipzig. Dort wurde um 1327 unter Androhung der Todesstrafe die Anwendung der sorbischen Sprache verboten, genauso wie 1424 in Meißen. In der Niederlausitz gab es bis 1500 kein Sprachverbot.
Erst mit der verspätet einsetzenden Reformation im Spreewaldraum fand eine verstärkte Christianisierung statt. Sie schuf aber auch erste Ansätze einer Volksbildung.
Sorbische Bauern studierten fortan in Wittenberg und Frankfurt/Oder, kehrten als Dorfpastoren zurück und entwickelten die sorbische Schriftsprache; die Grundlage für Wissenschaft und Literatur war damit gegeben.

Preußen versuchte dieser nationalen Entwicklung der Sorben im 17. und 18. Jahrhundert mit dem Verbot der sorbischen Sprache entgegenzuwirken. Mit wenig Erfolg: im 19. Jahrhundert entstand sogar eine eigene Nationalhymne, "Rjana Luzica" - "Schöne Lausitz", und die Sorben wählten die Farben Blau-Rot-Weiß für ihre Flagge.
Doch sie blieben eine Minderheit und die latente Assimilierung - deutscher Unterricht, deutsche Predigt, die Mädchen arbeiteten in deutschen Häusern, die Männer in deutschen Fabriken und Werkstätten - ließen die lebendige sorbische Nationalität beinahe auf die Rituale von Vereinsleben und Volksfesten schrumpfen. Gleichzeitig entwickelten sich aber auch starke nationale Kräfte, die sich 1912 eine Dachorganisation ("Domowina": Heimat) der Sorben schufen.
Während des Nationalsozialismus wurden 1937 sämtliche Organisationen, Vereine und die sorbische Presse verboten, die Sorben als "minderwertig" und als "Arbeitsvolk" ohne eigene Kultur bezeichnet. Es gab Pläne zur Liquidierung auch dieses Volkes.
Erst nach 1945 erhielten die Sorben wieder das Recht, ihre Kultur und Sprache zu pflegen und sich gleichberechtigt zu entwickeln. Sorbisch konnte als zweite Muttersprache gewählt werden.
Trotz eines sorbischen Verlags, eines deutsch-sorbischen Volkstheaters, des Institut für sorbische Volksforschung und Sorabistik und sorbischsprachiger Rundfunksendungen konnte die fortschreitende Assimilierung nicht aufgehalten werden. Weiterreichende Bestrebungen, vor allem sorbischer Intellektueller nach Souveränität, einem selbständigen Staat oder der Angliederung der Lausitz an die ethnisch verwandte CSFR stießen auf politischen Granit.
Heute wird das sorbische Volk wieder einmal vom Land Brandenburg und Sachsen verwaltet.

Cottbus (Chosebuz)

Cottbus liegt am südlichen Ostrand des Spreewaldes und ist mit über 100 000 Einwohnern die größte und kulturhistorisch wohl interessanteste Stadt der Niederlausitz mit einem der schönsten Landschaftsparks in Deutschland. Der ➔*Branitzer Park* beginnt unmittelbar an der Stadtgrenze von Cottbus.

Geographisch gesehen reicht das Spreewälder Urstromtal bis an die Cottbuser Grenzen, im Norden bis nach Peitz. Die Stadt steht, ähnlich wie Burg, auf einem ausgedehnten Schwemmsandfächer, der eine größere Besiedelung und im Umland den Ackerbau möglich machte.

Cottbus entwickelte sich an einem Spreeübergang und als Kreuzungsstelle verschiedener Straßen schon sehr früh zu einer Handelsstadt.

Doch erst 1156 wird die Stadt als Sitz eines Kastellans des *Markgrafen von Meißen* urkundlich erwähnt. Eine Sage erzählt von einer Burg *Heinrichs I.* im Jahre 930, die den Spreeübergang an dieser Stelle beherrscht haben soll. 1225 erhielt Cottbus das Stadtrecht, 1445 kaufte Kurfürst *Friedrich II. von Brandenburg* die Stadt und löste sie damit aus dem Niederlausitzer standesherrschaftlichen Verband.

Wenige Jahre später, 1468, tobte ein Großbrand in der Stadt, und während des Dreißigjährigen Krieges wurde sie 1626 vom schwedischen Feldherrn *Wallenstein* verwüstet.

Die erste Hugenottensiedlung entstand 1701, im Jahr der Krönung des ersten preußischen Königs. Wie in ganz Preußen entwickelte sich in dieser Zeit auch hier die Wirtschaft günstig.

Wichtige neue Produktionszweige in Cottbus wurden vor allem die Seidenspinnerei mit der Seidenraupenzucht und die Strumpfwirkerei, mit dem Tabakanbau kam die Fabrikation von Raucherwaren in die Stadt. Die Tuchproduktion wurde weiter ausgebaut und blieb bis heute ein wesentlicher Erwerbszweig.

Die napoleonischen Feldzüge brachten 1807 kurzzeitig die Stadt zu Sachsen, nach der französischen Niederlage und dem *Wiener Kongreß* 1815 erhielt Preußen aber nicht nur Cottbus zurück, sondern die gesamte Niederlausitz dazu.

Bei diesem Schnellauf durch die städtische Geschichte blieb uner-

INFORMATIONEN ZIMMERNACHWEIS

Cottbus-Information
Altmarkt 29
7500 Cottbus
☎ 242 54

ESSEN & TRINKEN

Targowischte
Altmarkt 22

Zur Sonne
Taubenstr. 7

Haus des Handwerks
Altmarkt 12

Postkutsche
Schloßkirchplatz 1

Carl-Blechen-Club
Bahnhofstr. 15

Lipezk
Stadtpromenade

Spreewehrmühle
Am Großen Spreewehr 3

WOHNEN

Zur Sonne
Taubenstr. 7
☎ 225 00

Zum Schwan
Bahnhofstr. 57
☎ 223 34

Hotel Lausitz
Berliner Straße
☎ 301 51

Jugendherberge
Münzstr. 3
☎ 225 58

MUSEUM/GALERIE

Galerie-Kunstsammlung
Spremberger Straße

THEATER

Brandenburgisches Staatstheater
Schillerplatz
☎ 222 73 (Kasse)

Kammerbühne
Wilhelm-Külz-Straße

wähnt, daß Cottbus ursprünglich eine sorbische Stadt war. Auf dem großen Cottbuser Markt verkauften die Spreewälder schon immer ihr Gemüse und fanden als Pendler in der Stadt Arbeit.

Byhlen

Im Byhlener See ist Klein-Cottbus, male mesto, versunken; andere sagen: Cottbus, Chosebuz. Die ganze Stadt liegt im See; die Spitzen der Türme und die hohen Häuser, alles ist unten im Wasser. Es war da eine solche Wirtschaft gewesen, sie waren übermütig geworden und brauchten Plinse zum Reinigen der Kinder. Da ist alles versunken.

In vielen wendischen Sagen des Spreewaldes spielt Cottbus eine wichtige Rolle. Im *Byhlener See,* nordwestlich der Stadt gelegen, soll Klein Cottbus versunken sein. Auch weiß man zu erzählen, daß es einen unterirdischen Gang von Lübben bis hierhin gegeben haben soll. In der Sage vom Wendenkönig werden der Schloßberg in Burg und Cottbus als "die erste Stadt im Spreewald" erwähnt.
In den letzten Jahrzehnten wurde Cottbus mit dem Spreewald touristisch immer seltener in Verbindung gebracht. Sicher spielte dabei die demontierte ➔ *Spreewaldbahn* eine Rolle.
Mit ihr wurde dem Spreewald nicht nur eine hundertjährige Tradition genommen, sondern über Cottbus auch ein origineller Zugang: Die Fahrt mit dem schnaufenden Ungetüm dauerte von Cottbus in die Burger Sommerfrische nur eine Dreiviertelstunde. Hinter dem Bahnhof Cottbus, dort wo die Güterzüge abgefertigt werden, steht noch immer das Dienstgebäude der "Spreewald-Guste".
Auch im Zweiten Weltkrieg wurde die Stadt erheblich zerstört. Die Stadtväter bemühten sich mehr als andere in der Region, diese Kriegsspuren zu beseitigen. Zumindest blieben so der Altmarkt, seine barocken zweigeschossigen Häuser, die Kirchen in seiner Nähe und ein Stück der Stadtmauer im Original erhalten oder wurden wiederaufgebaut.
Ein Rundgang durch den alten Stadtkern ist zu empfehlen. Am besten, man beginnt ihn am *Breitscheidplatz,* an dem sich alle wichtigen Straßen treffen, die durch die Stadt führen.
Der *Spremberger Turm,* Wahrzeichen der Stadt und Rest der alten Befestigungsanlage, eröffnet die zum Boulevard umgestaltete Spremberger Straße mit Geschäftshäusern aus der Gründerzeit. Die Zinnenkrone des Backsteinturms wurde nach Entwürfen *Schinkels* erneuert.
Auf halbem Wege zum Altmarkt steht rechts der Straße auf einer Platzerweiterung die barocke Schloßkirche, von Hugenotten 1707-14 errichtet.

Anstelle des Galerie-Baus mit der "Kunstsammlung Cottbus" am Ende der Straße stand früher das Rathaus.
Der Altmarkt schließt sich mit Giebelhäusern des sächsischen Barocks an, die nach dem Stadtbrand 1671 errichtet wurden. Die *Löwenapotheke* wurde 1568 gegründet. Das Haus Nr. 21 diente als Theater und Hotel und heute als Archiv. Die Nr. 22 ist besonders wegen der Weinstube interessant. Sie bot vor der Wende den Gästen original bulgarische Speisen und Salate mit Schafskäse und den Rotwein "Rosenthaler Kadarka", für damalige Zeiten eine absolute kulinarische Besonderheit.
Den Markt beschließt die *Oberkirche,* eine spätgotische dreischiffige Hallenkirche aus dem 15. Jahrhundert. Hervorzuheben ist ihr Renaissance-Altar und der Turm mit Rundblick über die Stadt.
Weiter geradeaus erhebt sich rechts der *Schloßberg,* auf dem jetzt ein Gerichtsgebäude steht. Nachdem das Schloß 1857 abbrannte, baute man 1876 den unteren Teil des Bergfrieds zum Amtsturm um und setzte auf den Berg das Amtsgericht und das Stadtgefängnis - schöne Aussichten ...
Über den Gerichtsplatz gelangt man mit der Uferstraße zu einer kleinen Insel mit Park und dem sogenannten Amtsteich. An der Brücke über den angestauten Mühlgraben stehen das alte *Elektrizitätswerk* und eine *Ölmühle*. Am Inselufer sind einige alte *Gerberhäuser* mit übergebauten Lauben zu sehen.
Zurück zur Oberkirche. Hinter dem Kirchplatz führt in östlicher Richtung die Klosterstraße in das *Wendische Viertel* mit der *Klosterkirche*, auch als Wendische Kirche bezeichnet. Aus dem Viertel wurde ein postmodernes, steriles Neubauquartier, das den gotischen Backsteinbau der Kirche aus den Anfängen des 14. Jahrhunderts integrieren soll. Ein Franziskanerkloster dehnte sich an dieser Stelle bis an den äußeren Rand des heutigen Grüngürtels aus, der die Altstadt nach Norden abschließt.
Durch die Wendenstraße kommt man rechts zum Rathaus. Hinter den Resten der Stadtmauer beginnt das "Neue Cottbus", getrennt durch eine parkähnliche Rasenfläche, durch die eine Straßenbahnlinie in die Vorstädte rattert. Als typische Ladenstraße der siebziger Jahre, bestehend aus einem langgestreckten Betonklotz und Ladenpavillons, reicht sie bis zu einem ebenfalls geschmacklosen Betonsilo, dem Kaufhaus. Dort angekommen, hat man beinahe den Ausgangspunkt des Rundgangs wieder erreicht.
Nicht weit von hier, am Kaufhaus, die Karl-Liebknecht-Straße rechts entlang, begegnet man dem eigentlichen Cottbuser Schmuckstück, für das allein es lohnt, Station zu machen.

Subventionierte Herrlichkeit: Brandenburgisches Staatstheater Cottbus (K. Esche)

Das *Brandenburgische Staatstheater* aus den Jahren 1907-08, in den letzten Jahren detailgetreu rekonstruiert, ist das größte und wohl auch schönste Jugenstiltheater in Deutschland. Die Vasen und Figuren, die auf der geschwungenen Silhouette dieses Bauwerk harmonisch gegen den Himmel abschließen, stehen in eigenartigem Widerspruch zu den kleinen Fenstern im wuchtigen Mauerwerk. Die Entscheidung Eleganz oder plumper Kleinstadtprotz wird schwer. Der viele Marmor, der rote Samt, die steinernen Löwen und Musenskulpturen im Innern, diese herrlich überladene Pracht, schaffen es trotzdem während einer Theatervorstellung nicht, die erlebte hausbackene Puppenstubenkunst zu kaschieren.
Cottbus war und ist keine Kunststadt, eher eine liebenswerte Provinzmetropole am Rande des Spreewaldes. Sie hätte die Chance, zu einer der östlichsten Städte Deutschlands mit Ausstrahlungskraft zu werden.

Cottbus

Weil sie zum Abendmahl barfuß gingen, hat die Stadt Cottbus ihren Namen erhalten, nämlich: chojzy bosy, gehen barfuß, später Chosobuz, dann Cottbus.

Von Cottbus zum Branitzer Park

Natürlich ist es möglich, mit dem Auto zu dem am südlichen Stadtrand von Cottbus gelegenen Dorf Branitz zu fahren, um dort das Schloß, das Museum und vor allem einen der schönsten und eigenwilligsten englischen Parkanlagen Deutschlands zu besuchen. Doch ist der Fußweg durch städtische Grünanlagen entlang der Spree mehr zu empfehlen. Der Flußlauf zeigt sich nicht weniger idyllisch als im Spreewald.

Die Wanderung führt vom Gerichtsplatz in der Altstadt über den Mühlengraben zur *Spreeinsel* und dort in den *Goethepark*. Hinter den alten Gerberhäusern und dem stillgelegten Dieselkraftwerk (1927) wird die Straße entlang des Amtsteiches zu einem Spazierweg.

Der kleine See mit einem Schwanengehege gehört zum ältesten städtischen Park. Die Planer haben sie entlang des Flußlaufs so gestaltet, daß sie zu einer einzigen Grünanlage verschmelzen, in denen sich nicht nur für den Cottbuser lohnenswerte Ausflugsziele befinden.

So führt eine Brücke auf die östliche Spreeseite in den *Carl-Blechen-Park.* Im Sommer finden dort Rock-Konzerte statt. Etwas stiller erinnert eine Bronzestatue an den Cottbuser Landschafts- und Bühnenmaler *Carl Blechen* (1798-1840).

Es geht weiter um den Amtsteich zur Südspitze der Insel, dann über die Spreewehrbrücke am *Raumflugplanetarium* vorbei, und nach der Bahnbrücke in den *Eliaspark.*

Hinter der Unterführung, unter dem Stadtring hindurch, kommt man zur *Festwiese,* auf der früher Sieges- und Jubelfeiern stattfanden und nun wieder einfacher bürgerlicher Rummel zu erleben ist. Zur Spree hin würde man bis zum Cottbuser Tierpark wandern können, in dem seltene Wasservögel mit Erfolg gezüchtet werden. Nach Osten hin trifft man auf die Kieckebuscher Straße, der man in südlicher Richtung folgt.

Sie wird von der Gleisführung der ehemaligen Pioniereisenbahn begleitet, die vom Eliaspark zum Dorf Branitz führt.

Nach dem Bahnhof Zoo biegt man an einem Bach in den Branitzer Park ein.

Fürst Hermann von Pückler-Muskau (1785-1871), Weltreisender und Schriftsteller und neben Lenné einer der bedeutendsten deut-

INFORMATION ZIMMERNACHWEIS

Cottbus-Information
Altmarkt 29
7500 Cottbus
☎ 242 54

ESSEN & TRINKEN

Postkutsche
Schloßkirchplatz 1

Zoogaststätte Tierpark
Kickebuscher Straße

Gasthof Schloß Branitz
Am Schloß Branitz

MUSEUM

Schloß Branitz
Sammlung von Zeichnungen und Gemälden Carl Blechens,
Marstall,
Erdgeschichte, Tier- und Pflanzenwelt,
Parkschmiede,
technische Schauanlage

Branitzer Schloß (K. Esche)

schen Gartenbauarchitekten, zog sich, nachdem er 1845 seinen Muskauer Besitz aufgeben mußte, auf sein Majorsgut nach Branitz zurück.
Beinahe zwanghaft, wie zuvor in Muskau, begann der Fürst sofort nach seinem Umzug das baumlose und flache Areal seiner öden Besitzung zu einem Landschaftsraum zu gestalten. Von seinem Barockschloß aus dem Jahre 1772 "komponierte" er bis zu seinem Lebensende Hektar für Hektar zu Rasen-, Laub- und Nadelbaumgruppen, von geschwungenen Wegen und Wasserläufen durchzogen. Dafür ließ er sogar eine stattliche Rotbuche einige Kilometer entfernt ausgraben und hier mit Erfolg wieder einsetzen. Nichts in diesem Park ist zufällig, natürlich gewachsen.
Dieser letzte große Park klassischer Landschaftsgartenbaukunst kostete Pückler den Rest seines Geldes. Vollendet wurde er erst Jahre nach seinem Tod 1888 durch *Georg Bleyer.*
Auf einem der Pfade entlang des Bachs dringt man, begleitet von Buchen, Eichen und Tannen, an Hügeln und Wiesen vorbei zum Herzstück der Anlage vor: den künstlich angelegten, miteinander verbundenen Teichen. Auf kleinen von Laubbäumen umsäumten Inseln stehen Skulpturen, und aus dem teichrosenbedeckten Wasser erhebt sich eine riesige, grasbewachsene Erdpyramide, in der Fürst Pückler mit seiner Frau begraben liegt.

Branitzer Park (K. Esche)

Folgt man dem Weg weiter landeinwärts, überquert eine Brücke, so stößt man auf eine weitere Pyramide von gleicher Größe und ebenso beeindruckend. In dieser ließ Pückler-Muskau sein Lieblingspferd begraben.

Die Kanäle und Seen reichen bis zum Schloß, das 1850 von *Gottfried Semper* umgestaltet wurde. In den Museumsräumen befindet sich eine Sammlung von Zeichnungen und Gemälden Carl Blechens und eine Ausstellung zur Cottbuser Stadtentwicklung. Im alten Marstall ist die Tier- und Pflanzenwelt der Region zu betrachten, ebenso die Darstellung ihrer Erdgeschichte. Und im Kavaliershaus befindet sich ein gut bürgerliches Lokal.

Die Parkanlage wird südöstlich vom Schloß von der Parkschmiede abgeschlossen, die von Semper im englischen Gartenstil errichtet wurde und heute als technische Schauanlage dient.

Eine Dorfstraße führt vom Schloß auf die Hauptstraße. Von dort fährt der städtische Bus oder man gelangt auf den eingangs beschriebenen Wegen durch die Parks zurück in die Stadt.

ExtraTour

Nach Peitz (Picnjo)

Peitz liegt zwischen Lieberose und Cottbus und wird von der Malxe durchflossen.
Wenige Kilometer östlich wird der Fluß bei Fehrow zu einem Hauptstrom des nördlichen, waldreichen Oberspreewaldes. Dieser Ort eröffnet auch den touristischen Spreewald. Im geographischen Sinne beginnt die Niederung bereits bei Heinersbrück, südöstlich von Peitz. Die Malxe verzweigt sich schon dort in viele Fließe und Kanäle.
Am bekanntesten von Peitz sind die Teiche, in denen bereits seit Anfang des 16. Jahrhunderts eine ausgedehnte Fischwirtschaft betrieben wird.
Jedes Jahr im Herbst zur Silber- und Marmorkarpfenernte erinnert ein *Fischerfest* an diese alte Tradition.
Weniger bekannt, dafür um so anrüchiger, ist das *Kohlekraftwerk Jänschwalde,* das direkt neben die Teiche gesetzt wurde. Damit verlor die von Wiesen und Wäldern geprägte Landschaft erheblich an Reiz. Und obwohl das durch das Kraftwerk angewärmte Wasser der Karpfenzucht in den Teichen förderlich sein soll, geht das Gerücht um, die Fische hätten einen merkwürdigen Beigeschmack.

Die Peitzer Geschichte beginnt mit der *Burg,* die 1301 des erste Mal erwähnt wurde und von der noch ein Turm erhalten geblieben ist. Im Vergleich mit den umliegenden Städten wird Peitz relativ spät, im Jahre 1336, erstmals urkundlich erwähnt.
1462 kamen Cottbus und Peitz aus böhmischen in brandenburgischen Besitz. Die strategisch günstige Lage der Enklave bewog *Johann von Küstrin,* Markgraf der Neumark, während der Gegenreformation und noch rechtzeitig vor dem Dreißigjährigen Krieg Peitz von 1559 bis 1595 zu einer Festung auszubauen. Der Bau stand ab 1579 unter der Leitung des sächsischen Kriegsbaumeisters *Graf Rochus von Lynar.* Er erbaute auch für *August I.* das Renaissanceschloß Augustusburg in Sachsen.
Das aus Italien stammende Adelsgeschlecht spielte ab 1621 - seitdem war Lübbenau im Besitz der Grafen von Lynar - eine maßgebliche Rolle im Spreewald.
Peitz war 1636-37 sogar vorübergehender Sitz der Landesregierung und Residenz von Kurfürst *Georg Wilhelm,* der im Siebenjährigen Krieg vor den bei Wittstock stehenden Schweden floh. Nach diesem Krieg wurde die Festung 1764 aufgegeben.

Peitzer Festungsturm (C. Berndt)

Sehenswert sind das *Peitzer Herrenhaus* des ehemaligen Gutes Luisenruh (1777), das *Rathaus* (1804, 1850) und die *Stadtkirche* (1845/60).

Doch die Attraktion von Peitz ist nicht wie in anderen Städten der Markt, sondern ein bereits 1536 erwähntes *Eisenhüttenwerk,* in dem aus dem tonhaltigen Raseneisenerz der obersten Erdschicht Eisen für die Schmieden der Umgebung gewonnen wurde.

Viele Acker- und Hausgeräte des Spreewaldes haben hier ihren Ursprung. Im 17. und 18. Jahrhundert wurde die Hütte mehrmals zerstört. 1658 stand hier der erste Hochofen der Mark Brandenburg. 1809 wurde er durch einen Nachfolgeofen ersetzt. 1857 bzw. 1898 wurde das Werk endgültig stillgelegt.

Heute sind die vollständig erhaltenen Werk-, Amts- und Wohngebäude aus der Zeit von 1809 bis 1830 Technisches Museum.

"Spreewaldgustes" letzte Fahrt (Foto-Steffen)

Die Spreewaldbahn - eine Spurensuche

Nachdem 1815 die gesamte Niederlausitz von Sachsen an Preußen gefallen war, mußten nun der Spreewald und die bis dahin abseits gelegene Enklave Cottbus wirtschaftlich an das brandenburgische Stammland angegliedert und zum Teil völlig neu erschlossen werden.
Die Waren kamen und gingen über die Flüsse Elbe, Oder und Spree bis zur sogenannten "Hoffnungsbay" Goyatz am Schwielochsee, dem nördlichen Ausläufer der Niederlausitz. Der Weitertransport war ab da nur noch mit dem Pferdefuhrwerk möglich. Kaufleute und Händler in Lübbenau, Lübben und Cottbus drängten auf eine feste Verbindung, die im Jahr 1846 als Pferdeeisenbahn verwirklicht wurde. Die Beförderungsdauer blieb damit aber immer noch viel zu lang, die Pferde zu "störanfällig". Bereits nach zwanzig Jahren, 1866, wurde durch die Inbetriebnahme der Eisenbahnstrecke von Berlin über Cottbus nach Görlitz in der Oberlausitz das Unternehmen unrentabel und mußte eingestellt werden.

Das Interesse an einer festen Verbindung der Städte und Dörfer des Spreewaldes mit dem Schwielochsee und Cottbus blieb jedoch weiterhin bestehen.
Die aufstrebende Industrie benötigte einen schnelleren Zugang zum örtlichen Absatzmarkt und neue Arbeitskräfte aus dem Spreewald. Die Großgrundbesitzer waren am Abtransport von Holz, Torf und Kies aus dem Spreewald interessiert, und der 1886 gegründete Spreewaldverein dachte bereits an Touristen. Von 1898 bis 1904 wurde deshalb das Schmalspurnetz der Spreewaldbahn angelegt. Dafür durchstach man auch den Schloßberg bei Burg, obwohl es bekannt war, daß sich unter diesem neun Meter hohen künstlichen Hügel kunsthistorische Altertümer verbargen.
Proteste der Burger Bevölkerung blieben ungehört, im Eiltempo bargen die Archäologen große Mengen an Gegenständen. Ein bronzener Sonnenwagen, der aus religiösen Zeremonien indogermanischer Völker bekannt ist, gehörte zu den bemerkenswertesten Funden. Er wurde im Berliner Museum für Völkerkunde ausgestellt und ging in den Wirren des letzten Krieges verloren. Erkenntnisse über den Aufbau des Berges mit slawischer Befestigung, Wohnstätten und Gräbern konnten gesichert werden. Der Schloßberg wurde zur reichsten archäologischen Fundstätte der gesamten Mark Brandenburg.
Jahrzehntelang fuhr die Schmalspurbahn, die 1924 offiziell den Namen "Spreewaldbahn" erhielt, nach Cottbus, Burg, Lübben, Byhlen, Lieberose, Straupitz und Goyatz. Die Spreewälder nannten sie liebevoll "Spreewaldguste", was auf ihr Verhältnis und ihren Umgang mit der Spreewaldbahn hindeutet.
Unbestritten ist, daß die Bahn dem rückständigen Gebiet, auch den sorbischen Bewohnern des Landstriches, zu einem bescheidenen wirtschaftlichen Aufschwung verhalf. Die Bedeutung der Bahn für den Tourismus nahm kontinuierlich zu, die "Guste" selbst wurde zu einer Spreewaldattraktion. Deshalb bleibt bis heute der SED-ZK-Beschluß unverständlich, der 1970 zu ihrem Abriß führte.
Die Schmalspurbahn paßte nicht in das Konzept einer großsozialistischen DDR, Argumente und Proteste blieben ungehört.
Die Geschichte der Spreewaldbahn endete ziemlich cool: "Die Reichsbahndirektion Cottbus hatte davon abgesehen, diese letzte Fahrt (3. Januar 1970, d.A.) als festliches Ereignis zu begehen. (..) Die Lokomotive 99 5704 fuhr den Arbeitszug zum Gleisrück-

"Guste"-Waggon - in den Sand gesetzt ... (K. Esche)

bau." Die "Guste" löste sich buchstäblich selbst auf.
Von der alten Gleisführung ist nichts mehr geblieben. Gartengrundstücke und Häuser wurden darauf gebaut und Kraftwerksrohrleitungen verlegt. Mancherorts blieb eine sandige Schneise Brachland zurück.
Die Bahnhofsgebäude ließ man hingegen stehen. In Burg und auch in Neu Zauche bei Straupitz verweisen noch immer Emailleschilder auf die Bahnhofs-Gaststätten ohne Gleise und ohne Bahnhofsvorsteher.
Die schwarze Schrift "Spreewaldbahnhof" wurde zwar weiß übertüncht, ist aber trotzdem gut lesbar. So auch am Cottbuser Bahnhof, direkt neben dem Güterbahnhof, wo sich auch die letzten Gleise im Asphalt der Straße befinden.
Was geblieben ist, sind die Erinnerungen an eine liebenswerte technische Einrichtung. Kaum einer im Spreewald reagiert nicht auf das Stichwort "Guste" oder Spreewaldbahn. Jeder hat seine persönliche Geschichte, die ihn mit der Bahn verbindet.

Das mag den heutigen Überlegungen Nährboden gegeben haben, sie wieder auferstehen zu lassen, der Spreewaldguste, zumindest von Cottbus nach Burg, neue Gleise zu bauen.
Viele gute Gründe sprechen tatsächlich für den Wiederaufbau

Bahnhof Burg ohne Gleis ... (K. Esche)

der Kleinbahn und auch in der Regionalpolitik werden heute die Ohren beim Thema "Guste" nicht mehr gänzlich auf "Durchgang" gestellt. Doch wird es dann keine Original-"Guste" geben, sondern eine batteriebetriebene 1000-Millimeter-Schmalspurbahn, die wahrscheinlich auch nicht mehr auf der alten Strecke eingesetzt wird, sondern nur noch zwischen Cottbus und Burg. Für Nostalgiker denkt man an den Einsatz von sogenannten "Traditionszügen", um nicht allzuviel Wehmut beim Anblick der modernen Züge aufkommen zu lassen.

Der Autoverkehr durch die für Mitteleuropa einzigartige Niederungs- und Lagunenlandschaft könnte jedenfalls gedrosselt, vielleicht ein Schritt zum sanften Tourismus getan werden. Und auch Cottbus erhielte wieder seinen alten Anschluß an den Spreewald.

Schinkel und Gemüse in Straupitz (K. Esche)

INFORMATIONEN ZIMMERNACHWEIS

Gemeindeamt Straupitz
Lübbener Str. 42
7551 Straupitz
☎ 398

ESSEN & TRINKEN

Kastanienhof
in Byhelegure
Dorfstr. 9

Straupitz

Gleichgültig, aus welcher Richtung man sich diesem Dorf nähert - immer ragen einem die beiden stumpfen Türme der Kirche entgegen. Ihre Größe läßt vermuten, man käme bald in einer in Wälder gebetteten Stadt an. Doch aus der Nähe entpuppt sich Straupitz als ganz normales Dorf am Rande des Oberspreewaldes.
Durch Trockenlegungen dieses bereits etwas höhergelegenen Terrains entstanden Felder und Wiesen, die bis zum Dorf heranreichen. Kiefernwälder, Seen und Heide bestimmen die übrige Landschaft. Flache, teils mit Gründerzeitstuck verzierte Häuser und im 17.

Straupitzer Kirche - entblättert (K. Esche)

WOHNEN/BUNGALOWS

W. Stein
Rosengasse 10
☎ Straupitz 285

W.Winzer
Lübbener Str. 28
☎ Straupitz 532

Jahrhundert erbaute backsteinerne Bauernhöfe befinden sich an der Durchgangsstraße von Lieberose und Burg nach Lübben.
Bis hierher nichts Ungewöhnliches.
Doch in Straupitz steht eben diese große klassizistische *Kirche,* zwischen 1828 und 1832 erbaut.
Sie macht das Dorf zu etwas Besonderem.
Und ist das architektonische Kleinod des Spreewaldes.

Allerdings: von den Backsteinen bröckelt der Putz; das Glas der drei großen Fenster, durch gemauerte Längs- und Querträger in kleinere Rechtecke gegliedert, ist teilweise zerschlagen. Innen hingegen ist die gründliche Restauration vor kurzer Zeit abgeschlossen worden. Jahrzehntelang war die Kirche ein denkmalpflegerisches Stiefkind, vielleicht weil sie so unverschämt großartig den Wohlstand der gräflichen Herrschaft von Straupitz demonstrierte.
Eine Familie *Houwald,* die später in den Grafenstand erhoben wurde, erwarb es 1655 mit acht umliegenden Orten und residierte hier bis 1945.
Zwischen den Eingangstüren im Kircheninnern ist die Grabtafel des ersten Straupitzer von Houwald, des ehemaligen schwedischen Generals Christoph von Houwald, eingelassen. Einer seiner Nachfah-

(K. Esche)

ren war *Ernst von Houwald*. Er lebte von 1778 bis 1845 und gilt als ein nicht unbedeutender Dichter der Romantik.
Ernst von Houwald war Landsyndikus der ständischen Verwaltung in Lübben. Auf dem Friedhof in Steinkirchen bei Lübben liegt er denn auch begraben.
Zur Entstehungszeit der Kirche hielt er sich in Berlin auf. Dort bat er *Schinkel* um einen Entwurf für einen Kirchenneubau, da die alte Kirche zu klein geworden war.

Straupitz
Vor uralter Zeit haben zwei Mädchen aus Straupitz in Kriegszeiten eine Braupfanne voll Geld zwischen Straupitz und der Buschmühle, am Walde beim Schneidemühlenfließ, vergraben und haben dabei eine Schnur von Straupitz bis dahin gezogen. Der Schatz liegt noch da. Ich habe mir die Stelle schon öfter angesehen. Ich werde mir aber einen Spaten nehmen und gründlich nachsuchen; mal werde ich ihn doch heben.

Das kastellförmige Kirchenschiff wendet sich mit Doppelturmfassade zur Spreewaldniederung. Über dem Gesims verbindet ein geschlossener Fenstergang die beiden quadratischen Glockentürme, die sich in drei Etagen, mit jeweils drei glaslosen Öffnungen nach allen Seiten frei entfalten.

Straupitzer Friedhofsruhe (K. Esche)

Das Gebäude erinnert an toskanische Architektur und toskanische Landschaft, und irgendwie verkörpert es die gefühlsbetonte romantische Sehnsucht nach Schönheit.

In dem Garten gegenüber dem schlichten Portal hat sich der Besitzer eine ganz private Welt mit gußeisernen Wasserpumpen gestaltet, die herumstehen wie in anderen Gärten deutsche Gartenzwerge. Und steinerne Plastiken, die wahrscheinlich einst in einem Schloßpark standen, wirken dort wie in einem fürstlichen Garten - nur ohne Schloß und König.

Etwas weiter am Ende des Kirchwegs, vorbei an einer riesigen Gewächshausanlage, liegt dann das ehemalige *Schloß* der Houwalds, umfunktioniert zu einer Schule, in der kein Platz für Putten blieb.

Die vertrauten Fließe und sumpfigen Niederungen des Spreewaldes fehlen, es dominieren Kiefernwald, Weiden und Felder: märkische Landschaft. Auf den terrassenförmigen Hängen eines Hügels im Südwesten wurde vor hundertfünfzig Jahren Wein angebaut.

Nimmt man Straupitz als Ausgangspunkt, gelangt man nach wenigen hundert Metern in den vertrauten Spreewald und lernt zudem noch Unbekanntes dieser Region kennen.

Gutsschloß Straupitz (K. Esche)

Von Straupitz nach Byttna

Von der Kirche Schinkels aus in südlicher Richtung und durch die beiden Obeliske verabschiedet sich Straupitz mit Gewächshäusern und dem bescheidenen Gutsherrenschloß, das an der Stelle einer Wasserburg errichtet wurde.
Der Weg biegt links zum Waldrand ab. Von der rechten Seite bis nach Süden werden die ehemals feuchten Wiesen als Viehweiden und Äcker genutzt. Auf der linken Seite des Pfades erstrecken sich Wälder, in die man nach zwei Weggabelungen eindringen kann.
Ginge man weiter südlich geradeaus, käme man zum Deichweg des Nordumfluters, der nach Osten an platten Nutzwiesen und Hochwald, und in der Nähe Mühlendorfs entlangführt.
Wer sich jedoch für den Abzweig entscheidet, überquert einen Graben, schlendert dann durch dichten Kiefern- und Erlenwald und muß an der nächsten Weggabelung nach rechts abbiegen - der richtige Weg nach Byttna.

(K. Esche)

Von weitem sieht man das aus dem Wiesenland ragende Mysterium, die Doppelreihe mächtiger Eichen, den heiligen Gang - Byttna. Es war der Sage nach eine slawische Tempelstätte, von denen es zwischen Oder und Elbe viele gab, wie zum Beispiel die Haupttempelanlage von Arkona auf Rügen.
Südlich von Byttna sind Siedlungsspuren aus der Bronzezeit, 2000-800 v. Chr. gefunden worden.

Die kräftigen Eichen sind uralt, lassen mit nur wenig Phantasie heidnische, wendische Rituale lebendig werden.

Hier war der Ort der Naturanbetung, aus der die beiden anderen Formen, Waffen- und Bilderanbetung, hervorgingen. Für die Wenden waren Stein, Quelle, Baum und Hain der Ursprung allen Lebens. An diesen Eichen hier könnte *Siwa,* der Gott des Lebens, verehrt worden sein. Von ihm existiert keine bildliche Darstellung.

Am Bylegurer See (K. Esche)

An die Unsterblichkeit glaubten die Slawen nicht. Ihre Seele saß im Blut, und starb ein Mensch, so verließ sie aus dem Mund den sterbenden Körper. Sie schwebte so lange von Baum zu Baum und schreckte außer der Eule alle anderen Vögel, bis der Leichnam verbrannt war.
Schwarze Götter drängten aus dem unterirdischen Reich der Finsternis auf die Erde ins Leben, den lichten Teil ihrer Religion.
Abseits am Wiesenrand steht die Ruine der *Florentiner Eiche*. Ihr Stamm hat über der Erde einen Umfang von zwölf Metern. Noch immer greifen ihre jetzt blattlosen, mannstarken Äste wie Leichenfinger nach dem Himmel.
Bis zur Eindeichung des Straupitzer Umlandes in den dreißiger Jahren war sie die stärkste Eiche im Spreewald.

Nicht weit von Byttna führt der Weg wieder auf die Cottbuser Chaussee, die 500 Meter nach links in Richtung Straupitz, hinter einer Straßenbiegung halbrechts, wieder verlassen wird.
Der Waldweg steigt etwas an, und man folgt der Trassenführung der alten Spreewaldbahn bis zum Ortsrand, an dem ein Fachwerkhaus mit Türmchen steht, das ehemalige Bahnhofsgebäude Straupitz.

Gehöft bei Mühlendorf (K. Esche)

Von Straupitz nach Mühlendorf

Zwischen Straupitz und Burg, ganz in der Nähe des Nordumfluters, liegt Mühlendorf.

Man verläßt Straupitz auf einem befestigten Fahrweg südlich des Schlosses, weiter an Wiesen und einer Teichanlage vorbei. Linker Hand steigt dann allmählich der Pfad zum Mühlenberg an. Felder und Wiesen wechseln mit Kiefernwäldern ab.

Wie vergessen von der Zeit stehen inmitten der Heide die Mühlendorfer Gehöfte, umgeben von landwirtschaftlichen Gärten ohne Akkuratesse und mit windschiefen Zäunen. Die Hauptstraße ist eine sandige und durchfurchte Traktorenspur.

Ein kleiner Junge spielt an einem mächtigen, aber toten Eichenstamm mit seinen Freunden, einem streunenden Hund und einer Schar Gänsen. Kaum mehr scheint sich zu regen im Dorf, das noch vor sechzig Jahren im hohen Gras schwer zu finden war. Es erinnert an ein ukrainisches Dorf mit Sonnenblumen und Ziehbrunnen, an alte, schon beinahe vergessene Strukturen.

Mühlendorf (K. Esche)

Doch auch hier sind die ersten Verbindungen zur Welt hergestellt, hängen doch an den Giebeln Satelliten-Empfangsspiegel.

Nach zwei Kilometern ist die Chaussee nach Cottbus erreicht. Hinter der Landstraße halbrechts liegt der *Byhlegurer See,* der nur bedingt zum Baden geeignet ist, aber sich malerisch in die Hügellandschaft einbettet, umsäumt von Schilf, Birken und Eichen.

Byhlegure
Im Byhlegurer See soll ein Schloß versunken sein; bei Sonnenschein sieht man noch die Turmspitzen.

Storch, Fisch, Mücke - die Fauna des Spreewaldes

Graureiher

Wie alles im Spreewald wird auch die Tierwelt von den Flußläufen bestimmt.
Der Charaktervogel des Spreewaldes ist der Weißstorch. Im letzten Jahr wurden alleine im Oberspreewald 18 Paare gezählt. Gebrütet wird auf Dächern, auf Bäumen und auf Telefonmasten.
Der Schwarzstorch ist seltener zu beobachten, so brütet er im Oberspreewald vermutlich in zwei Paaren. Zumindest die Weißstörche haben sich an den Menschen gewöhnt, was man andersherum nicht unbedingt sagen kann. So gab es erst Mitte der achtziger Jahre an der Mutnitza ein großes Störchesterben, weil gedankenlos eine Stromleitung für einen Weidezaun gezogen wurde. Die Vögel bekamen durch ihre weiten Schwingen Erdberührung und verkohlten.

Wespenbussard

Roter Milan

Bereits in den zwanziger Jahren wurden die Holzmaste höher gesetzt als die Isolatoren. Diese zwanzig Zentimeter wurden als "Einsparungsmaßnahme" der realsozialistischen Mangel-Wirtschaft geopfert.
Inzwischen scheint es, als würde sich ein neues Umweltbewußtsein durchsetzen. So wurden im Schlepziger Kreis Sitzstangen für die Vögel über die Isolatoren gelegt, in den Fischteichanlagen nördlich von Lübben Inseln als Brutplätze belassen.
Von den Greifvögeln ist der Mäusebussard am stärksten vertreten, aber auch die Rohrweihe, der Rot- und Schwarzmilan und der Seeadler sind durchaus auf Wanderungen zu beobachten. Die hervor-

Bekassine

Sumpfohreule

Eisvogel

Sumpfmeise

Kolkrabe

stehenden Stangen der Heuschober sind als Sitz- und Ausschauplätze beliebt. An Gräben und Teichen halten sich Graureiher zur Nahrungssuche auf, vor allem wenn sich offenes Gelände anschließt. Graureiher sind relativ häufig anzutreffen: Kolonien von ca. 40 Paaren gibt es allein im Kreis Calau.
Auch Kraniche brüten im Oberspreewald, sie leben in abgelegenen Gebieten, suchen aber regelmäßig die Felder auf. Sehr selten kann man noch den Flugspielen der Kornweihe zusehen. Die Wiesenweihe hingegen ist seit langem nicht mehr beobachtet worden.
Auch der Fischadler ist im Spreewald sehr selten geworden, und vom Wespenbussard gibt es gegenwärtig nur ein Paar.
Den Ruf des Wiedehopf kann man nur noch gelegentlich bei "Wotschowska" hören.
Nachtigallen hingegen sind verbreitet, und häufig klingt ihr Gesang ab April in die anbrechende Dunkelheit hinein.
Blau-, Kohl-, Sumpf- und Weidenmeisen bevölkern die Biotope, auch Schwanz- und Beutelmeisen sieht man.
Glück braucht man, um den Brachvogel zu erleben, denn bis 1985 war sein klagender Ruf nirgendwo zu hören. Jetzt erst wurde er wieder auf den feuchten Wiesen nördlich von Lübbenau, in der Nähe des 51 Meter hohen Barzlin und bei Ragow beobachtet. Am Barzlin leben auch die Tüpfel- und die Wiesenralle.
Ab Mai hört man wieder das "Meckern" der Bekassinen (Sumpfschnepfen).
Die Spechte sind in allen Arten im Spreewald vertreten. Am Leiper Weg begegnet man zuweilen dem Klein- und dem Mittelspecht. Im Frühjahr klingt der Ruf des Pirols, dessen eigentliche Heimat Skandinavien ist. Die

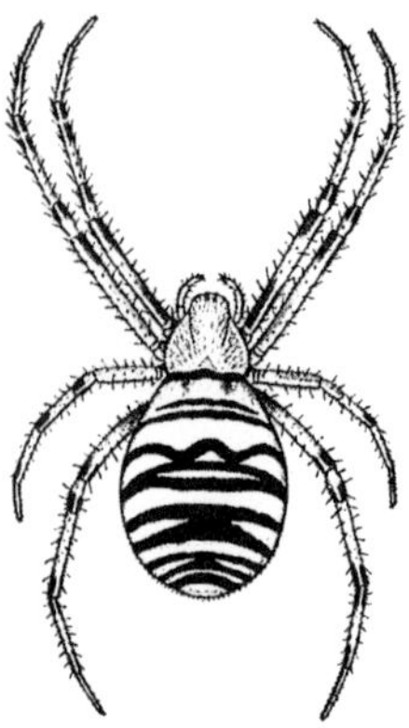

Wespenspinne

Nachtigall

Kreuzotter

schwarz-weiß gefärbten Kiebitze hört man mit ihren "Kiewitt"-Rufen besonders in den Randgebieten.

Erdkröte

Der schillernde kleine Eisvogel mit seinem gestutzt wirkenden Schwanz stürzt pfeilschnell vom Baum in das Wasser.
Überall begegnet man Enten, selten Graugänsen, Rebhühnern und Fasanen.
Auf dem Spreewaldboden und dem Wasser leben die seltenen Ringelnattern, Waldeidechsen, Blindschleichen, Frösche und Erdkröten. Die Moorfrösche laichen sehr früh im Jahr, die "himmelblau überhauchten" Männchen fallen selbst im Schloßpark Lübbenau auf. Man vermutet, daß im Spreewald auch die Sumpfschildkröte vorkommt. Und auch eine ausgesetzte Rotwangenschmutzschildkröte wurde 1985 im Spreewald beobachtet.

Hecht

Der in anderen Gegenden vom Aussterben bedrohte Fischotter ist im Spreewald noch reichlich verbreitet und kommt hier seiner Aufgabe nach, kranke Fische "auszumerzen".
Dem früheren Fischreichtum in den Fließen und Seen muß heute allerdings künstlich nachgeholfen werden. Jedes Jahr werden deshalb Karpfen, Bleie, Hechte und Zander ausgesetzt.
Die Welt der Insekten im Spreewald ist so vielfältig, so umfangreich und bunt, daß sich selbst Fachleute kaum in ihren Spezialgebieten vor Ort zurechtfinden.

Aal

Vor fünfzehn Jahren wurden ungefähr 600 verschiedene Schmetterlingsarten registriert. Und von den Mückenarten soll es im Spreewald 34 geben, auf die sich der Besucher einstellen sollte, indem er vorsorglich ein entsprechendes Mittel auf seine Wanderung mitnimmt, zum Beispiel ein FCKW-freies Mückenspray oder noch besser eine Zwiebel, deren Saft den Juckreiz und die Schwellung mindert.

Zander

Ein anderes für den Spreewald typisches Insekt ist die Libelle, wie zum Beispiel das Himmelspferdchen (Koniky), das dicht über dem Wasser steht und besonders in seiner roten Art angriffslustig scheint.

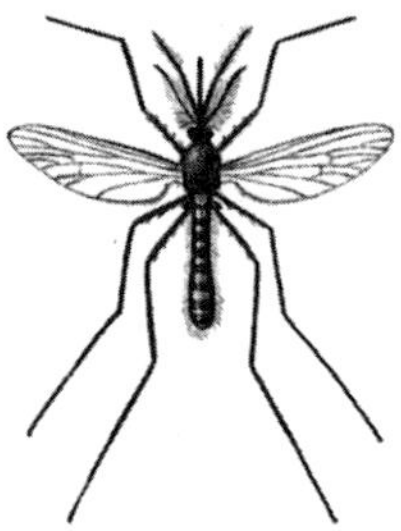

Gemeine Steckmücke

In alten Schriften wird der Wildbestand als außerordentlich reich geschildert. Neben dem Hirsch waren Wildschwein, Reh, Fuchs, Hase und Wiesel häufig vertreten. Dementsprechend war der Spreewald ein Paradies für Wilddiebe.
Die guten Zeiten für Wilddiebe sind vorbei. Eine Wildzählung in den achtziger Jahren im Kreis Calau ergab nur noch einen Bestand von 24 Hirschen, 180 Rehen und 100 Wildschweinen. Füchse und Marder sind in kleinerer Anzahl vorhanden, Hasen gibt es kaum.

Schönjungfer

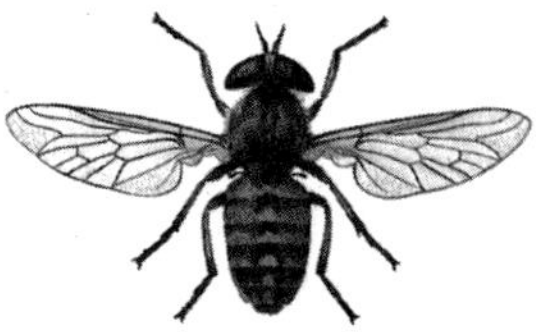

Rinderbremse

Die Aufzählung der Tierarten zeigt, daß sich in den unterholzreichen Wäldern, weiten Wiesenflächen und annähernd 300 Fließen des Spreewaldes eine relativ reiche Fauna behaupten konnte.

Dennoch können die vielen noch vorhandenen Arten nicht über die Bedrohung des Spreewaldes durch die Zivilisation hinwegtäuschen. Die nahen Kraftwerke erwärmen das Wasser und verschmutzen die Luft; der Tagebau verursacht eine Senkung des Grundwasserspiegels. Der Fremdenverkehr tat ein übriges. Inzwischen haben die Kraftwerke ihre Leistung gedrosselt, eine Schließung wird erwogen. Es besteht ein totaler Baustop für den inneren Spreewald, und Naturschutzstationen werden errichtet, von denen aus Patrouillen die Wälder durchstreifen werden. Die UNESCO hat inzwischen den gesamten Spreewald als Bioreservat anerkannt.

Russischer Bär

Baum, Strauch, Gras - die Flora des Spreewaldes

Sumpfdotterblume

Das Spreewaldgebiet war früher mit dichten urwaldähnlichen Sumpfwäldern bewachsen, Wiesen gab es nur an den Rändern der Niederung.
Die im 10. Jahrhundert auf deutschem Gebiet einsetzende große Rodungs- und Siedlungsperiode hatte noch keine Auswirkungen auf den Spreewald.

Buschwindröschen

Erst vor 250 Jahren begann die systematische Urbarmachung. Gerodet wurde vorrangig im Burger Raum, der zu einer preußischen Enklave gehörte, die wirtschaftlich gegenüber dem sächsischen Umland gestärkt werden sollte.
Die radikalsten Rodungen setzten im Jahre 1815 ein, nachdem die gesamte Niederlausitz an Preußen gefallen war. Generation für Generation vergrößerte die Wiesenflächen. Holz durfte nach Belieben geschlagen werden.
Die Zucht von Rindern und Schweinen entwickelte sich zur Haupt-Erwerbsquelle, gefolgt vom Heu, das sowohl bei den preußischen wie den sächsischen Kavallerieregimentern begehrt war.
Seitdem erst wird die Landschaft durch Wiesen und Heuschober zwischen den von Erlen und Pappeln malerisch umsäumten Fließen geprägt.

Kuckuckslichtnelke

Entwässerungs- und Hochwasserschutzkanäle wurden seit 1930 ständig angelegt.
In den eingedeichten Poldern machten sich gerade in den letzten zwanzig Jahren ausgedehnte Weiden- und Ackerflächen breit. Der

Aufrechtes Fingerkraut

sogenannte "Wiesenspreewald" dominiert seitdem im Oberspreewald zwischen Peitz im Osten und Lübbenau. Und so unterscheidet sich auch die Flora des Spreewaldes hauptsächlich in Wald- und Grünland-Flora.

Hahnenfuß

Blutweiderich

Vor hundert Jahren erst wurde das Gebiet um Wotschowska wieder aufgeforstet.
1939 gab es nur noch den Hochwald im Gebiet der Försterei Schützenhaus, den Straupitzer Spreewald und einige recht kleine Waldteile, wie den Koalebusch.
Doch auch im Neuzaucher und Straupitzer Hochwald sind viele Gehölze und Waldarten erhalten geblieben.
Der Erlenwald hat sich neben Esche, Buche und Weide am stärksten in dieser Region ausgebreitet. An den nassesten Waldstandorten heißt er in der Sprache der Fachleute Erlenbruchwald.
Finden sich im Sommer dort im Unterholz Brennesseln, die Weiße Winde, Wasserdost und das Große Springkraut, wird die Erle und der Wald zur Untergesellschaft Beinwell-Erlenbruchwald. Beinwell zeigt nährstoffreiche Böden an, auf denen zum Beispiel die Erle gern wächst. Beinwell, auch Schwarzwurz und im sorbischen Kosciwadto genannt, ist auf den Wiesenflächen, die ehemals von Erlenwäldern bestanden waren, noch anzutreffen und wird von den Lehder Bauern gestochen, gestapft und als Schweinefutter verwendet.

Beinwell

Während die Erlen mehr auf nasserem Boden "stocken" und in den Wasserlachen auf moosbewachsenen Bulten die Sumpfprimel

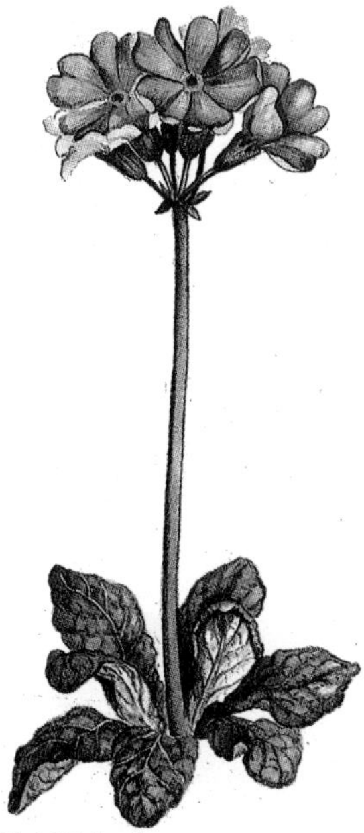
Mehl-Primel

gedeiht, steht auf trockenerem Boden wie im Straupitzer Raum der Erlen-Eschen-Wald.
Hier wachsen die Traubenkirsche, der Schwarze Holunder, Kratzbeere, Schwarze Johannisbeere, Himbeere und Hopfen schlingen sich um Bäume und Sträucher.
Ist der Boden noch trockener, gedeiht die Eiche. In ihrer Nähe blühen Buschwindröschen, wachsen die Wald-Wenke und der Salomonsiegel.
Ursprünglich war die Eiche im Spreewald selten, wurde aber von den Bauern wegen ihrer Früchte gerne als Futtermittel verwendet und deshalb in ihrer Verbreitung gefördert. Je nach Bodenbeschaffenheit haben sich auch verschiedene Wiesenarten auf den gerodeten Flächen ausgebreitet: Naß-, Feucht- oder sogenannte Frischwiesen.
So zum Beispiel. die Rohrglanzgras-Wasserschlags-Wiese, über die das winterliche Hochwasser hinwegströmt und notwendige Nährstoffe mitführt, sie kann als ursprünglich typische, nasse Spreewaldwiese bezeichnet werden. Vom Frühjahr an bis in den Spätsommer ist sie von farbiger Blütenpracht übersät.
Den Anfang im Meer der Blüten auf dieser Wiese, die sich jetzt nur noch an Wasserläufen findet, macht die Sumpfdotterblume oder Kuhblume.
Zu ihr, die im Spreewald Lokusche oder Okusina genannt wird, gesellt sich im Juni die leuchtend rote Fleisch- oder Storchen-Blume: Cerwena Busanska (Kuckuckslichtnelke), die nur noch auf den echten Spreewaldwiesen zu finden ist, später vom Gelb des Kriechenden

Echter Beifuß

Hahnenfuß, Zorus gefolgt. Ganz im Spätsommer beschließt dann der hellgelbe Sparaki, der Klappertopf, den Blütenreigen.
Die Naßwiese, wie zum Beispiel die zwischen Lübbenau und Leipe, zeigt sich derart farbenfroh, daß die Vermutung aufkommt, bei den Farben der sorbischen Trachten könnte sie Pate gestanden haben. Schlanksegge (Resina), der Rote Heinrich, das Eisenkraut (Selesniza) färben diese ertragsreichsten Wiesen rot, wie an der Radduscher Busch- oder Lübbenauer Schneidemühle.

Wasserdost

Das übermannshohe Gras, das der Spreewälder Melena nennt, kann zwei- bis dreimal im Jahr gemäht werden. Als Untergras wächst der Wiesen-Fuchsschwanz.
Eine Untergruppe der nassen Wiesen ist das Wasserschwaden-Ried, das eigentlich keine Wiese ist, sondern eher Röhricht, das in tiefen Senken des Überschwemmungsbereichs auf schlammigem Boden wuchert und als Viehfutter verwendet wird. Zu entdecken ist es in den verschlammten Seitenarmen der Spree, zum Beispiel im Frühjahr in Burg Kolonie.

Aronstab

Das Grün des für den Namen verantwortlichen Wasserschwadens (Kaspe) wird unterbrochen von den gelben Tupfen der Sumpfkresse und der Sumpflilie. Zwischen den Halmen blüht das Sumpf-Vergißmeinnicht.
Die Schlankseggenwiese findet man dort, wo das Winterhochwasser nicht abfließt. Im Sommer trocknet jedoch diese Wiese aus, dann färbt der Blut-Weiderich die Fläche lilarot.
Die Rasenschmielenwiese ist im Sommer völlig trocken. Das seltene Gottesgnaden-kraut, neben den häufigen Arten wie

Goldhahnenfuß, Englischer Alant und Grabenveilchen findet man darauf, zum Beispiel in der Umgebung von Burg.
Die ansonsten am häufigsten verbreitete Kohldistel- bzw. Wirtschaftswiese tritt nur am Rande des Spreewaldes - so bei Straupitz - in verschiedenen Variationen auf. Das Hellgrün des Honiggrases beherrscht sie.

Breitblättriger Rohrkolben

Die wechselfeuchte Pfeifengraswiese findet man besonders auf den höhergelegenen Randlagen des Spreewaldes, so bei Alt-Zauche und Peitz. Blutwurz, Kriech-Weide und das Graben-Veilchen zeigen sie an.
Einst gab es im Spreewald - an der Mutnitza bzw. dem Großen Fließ - zum Beispiel nordöstlich von "Wotschowska", dort wo der Lugh-Kanal abzweigt, Pfeifengraswiesen, auf denen botanische Kostbarkeiten wie der Lungenenzian wuchsen. Von diesen Arten wächst in Ufernähe noch das Kantenlauch.

Die Vielzahl der noch vorhandenen Wiesenformen, der Reichtum an Blumen und Kräutern darf nicht darüber hinwegtäuschen, daß die Spreewaldwiesen sehr intensiv genutzt wurden und damit biologisch verarmten. Das Zauberwort der Verwandlung heißt Melioration, auf gut deutsch: Eindeichung, Entwässerung.
Die Urwüchsigkeit der Wiesen wurde so auf immer kleiner werdende Flächen beschränkt. Inzwischen hat der Markt die intensive Nutzung der Wiesenflächen zum Erliegen gebracht: Die Landwirtschaft des Spreewaldes ist durch die geringen Bodenwerte gegenüber den Konkurrenten auf "normalem" Boden unterlegen.

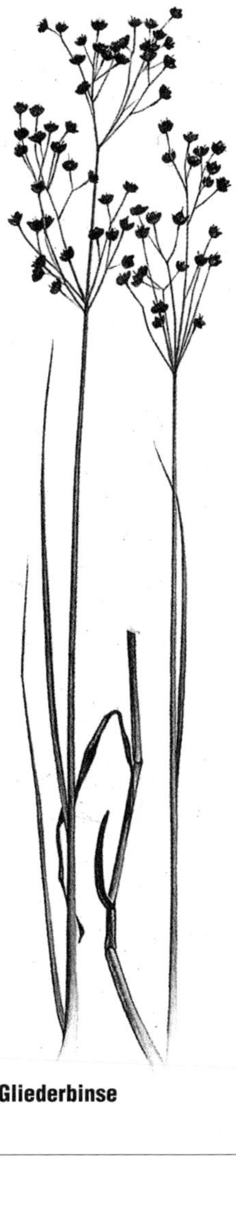

Gliederbinse

Würde man eine intensive Landwirtschaft fortsetzen, die Schritt halten soll im Wettbewerb, ginge das nur mit außerordentlich hohem Einsatz von Düngemitteln, denn der Boden des Spreewaldes wird regelmäßig durch Regen und Überschwemmungswasser ausgelaugt.

Bärlauch

Blühende Wiesen sind im Verständnis der Landwirte noch kein Beweis für saftiges Viehfutter. Doch dem Sprichwort folgend, "wat den en sin Ul, is den andern sin Nachtigal", könnte das eine neue Chance der Spreewaldbauern sein: extensives Wirtschaften in einem "Naturpark Spreewald". Verstrauchte Wiesen werden bereits wieder aufgeforstet. Sah der Landschaftspflegeplan aus der Noch-DDR-Zeit von 1989 für den Oberspreewald bereits 2160 Hektar forstwirtschaftlich genutzter Fläche vor, was 21 Prozent Wald bedeutet hätte, soll sich nun nach den marktwirt-schaftlichen Veränderungen der Waldanteil weiter erhöhen. Zum Vergleich: Auf zehn Prozent war der Waldanteil geschrumpft. Mit dem gewachsenen Umwelt-bewußtsein streben die Spreewälder für das Niederungsareal ein Biosphären-reservat an und damit die Dominanz des Waldes.

Denn so typisch die Wiesen auch für den Spreewald für den Besucher scheinen, so sicher waren sie ursprünglich nur "Randerscheinungen" - im wahrsten Sinne des Wortes.

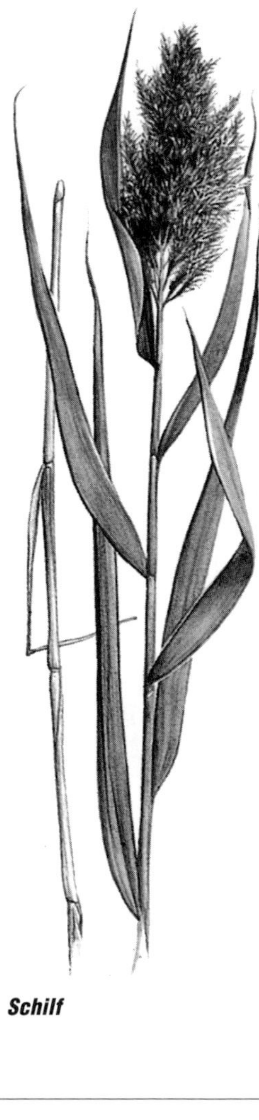

Schilf

Ein Abstecher nach Lieberose

ExtraTour

Auf einer Spreewaldreise gelangt man nicht selbstverständlich nach Lieberose. Die Stadt liegt am südlichen Rand der Berliner Seenplatte und 25 Kilometer vom Oberspreewald entfernt.

Doch die Nähe des Schwielochsees, des zweitgrößten Sees der Mark Brandenburg, aber auch Lieberose selbst macht einen Abstecher lohnenswert.

1272 ist die Stadt am Wegkreuz Lübben-Guben und Beeskow-Storkow als wettinische Stadtgründung urkundlich belegt. Eine Wasserburg, erstmals 1301 erwähnt, befand sich wahrscheinlich im Besitz der Herren *von Streele.*

Unter dem *Ritter von Kittlitz* wurde 1411 eine selbständige Herrschaftsbildung eingeleitet, die Lieberose zwar nicht direkt in die Entwicklung des Spreewaldes, aber in die der Niederlausitz einbezog.

Lieberose gehörte den *Burggrafen von Dohna,* ab 1485 *von Köckeritz,* um dann von 1519 bis 1945 in fast ungebrochener Folge in Freier Standesherrschaft an die *von Schulenburgs* zu gehen.

An Lieberoses Hauptstraße scheint es, als gäbe es kein Haus, das völlig in Ordnung ist. Die Kleinstadt zeigt sich auf den ersten Blick in bemitleidenswerter schadhafter Farblosigkeit. Dabei verfügt Lieberose über eine historisch gewachsene Altstadt, einen ländlichen Marktplatz mit zweigeschossigen barocken Bürgerhäusern.

Die 1945 beschädigte spätgotische *Stadtkirche* wurde 1590 durch einen Umgangschor als Gruftkapelle für

INFORMATIONEN ZIMMERNACHWEIS

Stadthaus Lieberose
Am Markt 4
1232 Lieberose
☎ 269

ESSEN & TRINKEN

Deutsches Haus
Am Markt 9

Lindenhof
Lindenplatz 4

WOHNEN

Hotel Zum Goldenen Hirsch
Markt 6
☎ 204

CAMPING

Campingplatz Jessern
☎ Goyatz 134

Campingplatz Lamsfeld
☎ Goyatz 192

Campingplatz Zaue
☎ Goyatz 202

(K. Esche)

die von Schulenburgs erweitert. Die dadurch entstandene Form ist so eigenwillig wie sehenswert. Über die Hauptstraße am Markt führt eine Gasse zum ehemaligen *Renaissance-Schloß*, das nach einem Stadtbrand 1658/59 als barocke Dreiflügelanlage wiedererstand. Der Seitenflügel ist eine Erweiterung aus der Mitte des 18. Jahrhunderts. Ein Flügel der Schloßanlage wurde abgerissen, die Durchgänge dorthin sind nur provisorisch vernagelt.

(K. Esche)

Der *Park* wirkt abenteuerlich verwildert, ist schon aus diesem Grunde ein Spaziergang wert. Vom Schloß führt ein umwaldeter Weg an Höfen und dem Mühlfließ entlang zur Landkirche.
Viel weiter kann man nicht in südlicher Richtung gehen. Ein ausgedehntes Waldgebiet, das sich bis Peitz erstreckt, dient noch als *Truppenübungsplatz.* Die F 168 nach Cottbus führt durch das Manövergelände. Sandige, von Panzerspuren aufgewühlte Kraterlandschaften breiten sich aus. Umweltschäden sind hier besonders drastisch.
Nicht weit von Lieberose erreicht man in westlicher Richtung den *Schwielochsee* auf der Straße nach Straupitz. In Lamsfeld biegt man nach Goyatz-Guhlen ab. Das Dorf liegt an der Südspitze des Sees, am sogenannten *Bomkessel,* der durch eine schmale Öffnung mit dem Hauptsee verbunden ist.
Der gesamte Bomkessel ist inzwischen fast vollkommen mit Bungalows umbaut. Dazwischen finden sich Badegelegenheiten. Wer nicht nur baden will, sondern auch Ruhe mag, muß etwas weiter nach Jessern gehen, dem nächsten Dorf am Ostufer. Dort breitet sich das Wasser zwischen bewaldeten Höhen aus, mit schilfumsäumten Inseln, Werdern und Buchten. Vom Babenberg, der dreizehn Meter hoch in die See hervorspringt, überschaut man den Schwielochsee bis zur Nordspitze. In der Stille kann man Fischreiher, Möwen, Enten und Haubentaucher beobachten.

(K. Esche)

ANFAHRT

Mit der **Eisenbahn** von Bahnhof Lichtenberg
bzw. Königs Wusterhausen, Richtung
Görlitz, bis Lübben
Fahrzeiten zwischen 60 und 100 Minuten,
je nach Zugverbindung.

Fahrräder sind ohne Umstände per Bahn mitzunehmen und für den Spreewald das ideale Transportmittel

Mit dem **Auto**
auf der Autobahn Richtung Dresden/Cottbus
bis Abfahrt Freiwalde
ca. 70 Kilometer
oder auf der F 179 ab Königs Wusterhausen
bis Leibsch bzw. Lübben

IN DEN UNTERSPREEWALD

Im Unterspreewald wird der Besucher wenig mit der Vergangenheit von Land und Leuten in Berührung kommen, dafür kann er aber mit einer Fülle von Naturerlebnissen rechnen.
Die Niederung ist kleiner und wird von weniger Fließen durchzogen, als es im Oberspreewald der Fall ist. Die Spree verzweigt sich "nur" in den Pulstrom und die Wasserburger Spree. Dafür blieb der Unterspreewald ursprünglicher, waldreicher und ist für deutsche Breitengrade ein besonderes Naturereignis.
Die Reise in den Unterspreewald beginnt am Schneidepunkt der beiden Niederungen, in Lübben. Wiesen, Wald und Fischteiche bestimmen bis zum Hauptdorf des Unterspreewaldes, Schlepzig, die Landschaft. Von dort führen die Wanderungen durch dichte, sumpfige Laubwälder in die Welt von Fauna und Flora.

KLEIN
Münchenote
SCHWENO
WASSERBURG
MÄRKISCH
BUCHHOLZ
179
Birkholz
SIEDLUNG
LSG
Neuköthen
Köthener See
KÖTHEN
Oderin
Briesen
Brand
Krausnicker Berge
Groß Wasserburg
Leibsch
Neu Lübbenau
Neuendorf
Neuendorfer See
Alt Schadow
Spree
Hohenbrück-Neu Schadow
Hohenbrück
Neu Schadow
Kuschkow
Puhlstrom
NSG
Krausnick
Schlepzig
Krugau
Dürrenhofe
Landgraben
Bugkgraben
Schönwalde
Hartmannsdorf
Freiwalde
Groß Lubolz
Lubolz
Klein Lubolz
HARTMANNSDORFER HEIDE
Kabelgraben
115
Reichwalde
LUBOLZER HEIDE
FRAUENBERG
LÜBBEN
GUBENER VORSTADT
NEUSTADT
320
87
Niewitz
Schiebsdorf
TREPPENDORF
STEINKIRCHEN
DEICHSIEDLUNG
RATSVORWERK
Radensdorf
Nordumfluter
NEUENDORF
Kaden
Duben
Neuer Kanal

INFORMATIONEN
ZIMMERNACHWEIS

Fremdenverkehrsverein Lübben
Informationsbüro
Lindenstraße 14
7750 Lübben
☎ 30 90

Stadthaus
- Tourismus -
7550 Lübben
Bahnhofstr. 31-34
☎ 21 81

ESSEN & TRINKEN

Am Hain
Bahnhofstr. 35

Spreeblick
Gubener Str. 53

Strandcafé
Heinrich-Heine-Str. 16

Weinstube
im Schloß

Haus Burglehn
Am Burglehn

Gartenrestaurant
Lehnigksberge

Lübben (Lubin)

Lübben entwickelte sich an einer natürlichen Landbrücke zwischen den unwegsamen Niederungen des Unter- und Oberspreewaldes.
Es wird zum ersten Mal im Jahre 1007 erwähnt; einige Quellen nennen auch das Jahr 1150, steinzeitliche Funde und Urnengräber aus der Bronzezeit bestätigen, daß diese Stelle schon immer ein Siedlungsplatz zwischen den sumpfigen Wäldern der Spreetäler war.
Im Zusammenhang mit der Völkerwanderung zogen im 4. Jahrhundert die Burgunder aus dieser Region ab, die in der folgenden Zeit von slawischen Stämmen besiedelt wurde. Der slawische Rundwall Burglehn aus dem 5., 6. Jahrhundert im Stadtteil Steinkirchen am südlichen Spreeufer von Lübben ist dafür eines der seltenen Belege. Jetzt befindet sich auf dem baumbestandenen Hügel ein Gartenlokal.
Lübben ist heute noch ein Nadelöhr für den Durchgangsverkehr. Die stark frequentierte F 87 von Frankfurt/Oder trifft mit der F 320 aus Straupitz am östlichen Stadtrand zusammen. Beide gehen noch in Lübben, gleich hinter der Spree, in südwestlicher Richtung nach Luckau und Jüterbog wieder auseinander.
Der gesamte Verkehr quetscht sich über Kopfsteinpflaster durch die Innenstadt. Das heißt: schwere Lkw, langsame Traktoren, Trabis mit blauweißen Abgaswolken, Überholmanöver schneller Autos - in diesem Durcheinander weichen noch Radfahrer den Schlaglöchern aus. Und so kann es sein, daß man die Innenstadt schnell hinter sich läßt und erst auf der Höhe der Spreebrücke, am scheinbar einzigen Fotomotiv "Lübben im Spreewald" wieder zur Besinnung kommt: Am Fluß steht ein Stück erhaltene *Stadtmauer* mit einem Wehrturm aus der Zeit um 1480, was bei dem Spreewaldreisenden *Samuel Grosser* 1714 den Eindruck erweckte, als sei die Stadt "wegen ihrer guten Ringmauern...ziemlich gut verwahret".
Nur einen Steinwurf weiter rechts steht vor dem Marktplatz ein Kaufhallenklotz aus den siebziger Jahren.
Früher befand sich an dieser Stelle das Rathaus; die ehemalige Hauptwache beherbergte das städtische Museum und attraktive Geschäftshäuser gaben Lübben das selbstbewußte Aussehen einer

Am Lübbener Wehr und Bootshafen (K. Esche)

Stadt, die während ihrer sächsischen Zugehörigkeit seit 1635 Oberamts-Regierungs-Sitz der Niederlausitz war. Nach dem Wiener Kongreß 1815 wurde das gesamte Gebiet Preußen zugeschlagen, Lübben wurde Kreisstadt.
Wieder und wieder waren es Brände und Kriege, die Lübben einäscherten und zerstörten, so wenig übrig ließen von dieser Stadt-Provinz-Geschichte. Zum letzten Mal brannte die Stadt in den Aprilkämpfen 1945. 75 Prozent der Häuser fielen den Flammen zum Opfer. Erhalten blieb am Markt die *Stadtkirche,* im Kern ein spätgotisches Backsteingebäude, vermutlich zwischen 1494 und 1550 erbaut. Auch sie wurde von mehreren Bränden zerstört, doch jedesmal im Geschmack der Zeit wieder errichtet.
Sie trägt den Namen des lutherischen Pfarrers und Kirchenlieddichters *Paul Gerhard* (1607-1676), der hier die letzten Lebensjahre als Archidiakon arbeitete. Das Standbild von 1907 vor dem Haupteingang erinnert an ihn. Nicht ganz freiwillig kam er damals nach Lübben, denn 1666 wurde er aus dem Kurfürstentum Brandenburg ausgewiesen, weil er sich gegen die recht fortschrittliche Union von Lutheranern und Reformierten ausgesprochen hatte. Er wurde in der Kirche beigesetzt, die früher St. Nicolai hieß. Der barocke Altar, die Kanzel und das Taufbecken stammen aus den Anfängen des 17. Jahrhunderts.

WOHNEN

Hotel Am Hain
Bahnhofstraße
☎ 31 40

Hotel Spreeblick - Roick
Gubener Str. 53
☎ 32 78

Jugendherberge
Zum Wendenfürsten 1
☎ 26 69

CAMPING

Am Burglehn
☎ 25 78

MUSEUM

Im Schloß
☎ 41 31
Wappensaal, Führung durch das Schloß und die Stadtgeschichte

BOOTSVERLEIH

Im Freibad Philipp Müller
Am Burglehn

und gegenüber dem Hafen

KAHNFAHRTEN

Nach Lübbenau, Burg und Schlepzig
ab Hafen, Heinrich-Heine Straße
Auskunft
Genossenschaft der Kahnfährmänner
☎ 25 90

Lübbener Wehrturm (K. Esche)

Weiter geht es auf der Hauptstraße, unter der meterhoher Brandschutt liegt, stadteinwärts. An der Ecke zur Gerichtsstraße stand früher ein Renaissance-Giebelhaus mit der *Delphinen-Apotheke,* 1569 priviligiert, war sie damit die älteste Apotheke der Niederlausitz. Das Renaissancehaus wurde ebensowenig von den Flammen verschont wie der "Gasthof zu den drei Kronen", einige Schritte zur Rechten. In ihm tagten die Niederlausitzer Stände, bevor sie 1718 in das neu errichtete Stände- oder Landhaus in der Gerichtsstraße umzogen.

Die Landstände, in denen der mittlere und niedere Territorialadel vertreten war, entwickelten sich 1498 aus den 1411 erstmals genannten Selbstverwaltungs-Korporationen heraus. Sie hatten über die politische Sicherheit und landesherrlichen Steuerforderungen zu entscheiden. Über den drei Portalen des Ständehauses ist das kursächsische Wappen zu sehen: ein schreitender roter Stier im weißen Felde.

Im Siebenjährigen Krieg, als Lübben noch zu Sachsen gehörte, hatte *Friedrich der Große* nach der Eroberung Lübbens den Befehl gegeben, das damals neuerrichtete Ständehaus einzuäschern, wenn nicht in Kürze von der Stadt eine hohe Kriegs-Kontribution aufgebracht würde. Ausgerechnet einem preußischen Offizier, *Major von Marschall*, verdankte das besiegte Lübben die Rettung dieses statt-

St. Nicolai und andere Ansichten ... (K. Esche)

lichen Bauwerks. Der Major lieh der Stadt die geforderte Summe. Dieser humanistische Sieg über die soldatische Pflicht veranlaßte *Lessing,* den Konflikt, in dem sich der Major befunden haben muß, dramatisch zu bearbeiten. Als Major von Tellheim ging von Marschall in der "Minna von Barnhelm" in die Theater- und Literaturgeschichte ein. Der Erweiterungsbau des Ständehauses von 1915-20 war früher Sitz der Verwaltung und der "Hauptsparkasse der Niederlausitz", die seit 1824 bestand.

Lübbener Schloß und Standesamt (K. Esche)

Geht man die Gerichtsstraße bis zum Ernst-von-Houwald-Damm, der zwischen 1945 und 1991 Heinrich-Heine-Straße hieß, steht man zunächst wieder an einer belebten Fahrbahn, die den Schloßbezirk auf der anderen Seite beinahe ins Abseits drängt. Dabei befindet sich hier der Ursprung Lübbens und das älteste Bauwerk der Stadt, ein trotziger *Wohnturm* aus dem 14. Jahrhundert.
Er gehörte als Wehrturm, von Spreearmen umgeben, zur alten *Burg* Lübbens. Mit über zwei Meter dicken Mauern unterscheidet er sich deutlich in seiner Form von dem dahinter liegenden, später entstandenen *Renaissance-Schloß*.
Aus dem ehemaligen Huldigungsaal, in dem die Niederlausitzer Stände dem sächsischen Landesherren bei Regierungsantritt den Treueeid leisteten, ist ein Konzertsaal geworden, aus dem Keller eine historische Weinstube.
Ein gewölbter Gang verbindet den Turm mit dem Schloß, das wahrscheinlich auf den Grundmauern der Burg im 15. Jahrhundert durch den Landvogt *Felix von Lobkowitz* erbaut wurde. Im Dreißigjährigen Krieg zerstört, erneuerte und erweiterte es 1680 *Herzog Christian I. von Sachsen-Merseburg*. Das Sandsteinportal mit herzoglichem Wappen und der reich gestaltete Ostgiebel stammen aus dieser Zeit.

Schloß zur Spreeseite (K. Esche)

Hinter dem Schloß fließt die Spree, und am anderen Ufer hört die Stadtbebauung auf, weiten sich Wiesen, Büsche, Erlen- und Weidengruppen zur gewohnten Spreewaldlandschaft aus. Dort liegt Burglehn.
Geht man auf der Stadtseite den Ernst-von Houwald-Damm hinauf, gelangt man zum *Lübbener Hafen* mit dem Strandcafé. Von hier aus kann man mit dem Spreewaldkahn sowohl in den Ober- wie auch in

den Unterspreewald aufbrechen. Auf der gegenüberliegenden Hafenseite befindet sich ein *Bootsverleih.* Mit einem gemieteten Ruder- oder Padddelboot ist es auch allein oder zu zweit möglich, die Stadtwanderung vom Wasser aus zu ergänzen.
Wer jedoch wieder zum Ausgangspunkt zurück will, biegt rechts in die nächste Straße ein und steht nach wenigen hundert Metern wieder am Marktplatz, von dem aus noch ein weiterer Weg durch den Lübbener Hain, die Neustadt, bis zum Bahnhof empfohlen werden kann.
Von der Hauptstraße geht es diesmal geradeaus in westlicher Richtung über die Brücke bis zur Straßenkreuzung. Der Verkehr wird hier nach rechts auf die F 87 und links auf die F 115 geleitet. Weiter geradeaus beginnt die Breite Straße mit Sechziger-Jahre-Bauten. Gleich darauf wird sie zu einem kleinen Boulevard mit zweigeschossigen Gründerzeithäusern und kleinen Geschäften, von schmiedeeisernen Laternen und zurechtgestutzten Lindenbäumen umstanden. Er könnte auch in irgendeiner Bäderstadt liegen.
Diese Straße ist ein Teil der Neustadt, deren heutige Bebauung kaum noch ihr eigentliches Alter erahnen läßt.
Bereits im ausgedehnten 16. Jahrhundert wurde sie von Herzog Christian I. angelegt. Das älteste erhaltene Gebäude ist das 1735 erbaute *Städtische Hospital.* Der letzte Krieg zerstörte die 1702 entstandene Hospitalkirche in unmittelbarer Nachbarschaft.
Wenig später kommt man an der kursächsischen *Postsäule* vorbei. Früher ein Service der recht flinken Post für Reisende, wirken die Angaben der Reisezeiten heute ziemlich anachronistisch. Eine Fahrt nach Görlitz dauerte von hier beispielsweise 32, die Fahrt nach Magdeburg 40 Stunden.
Gleich danach beginnt der *Lübbener Hain.* Das Eingangstor erweckt den falschen Eindruck, nun in einem gepflegten Stadtpark spazieren gehen zu können, doch er entpuppt sich als ein sehenswerter Auenwald, an dem über Jahrzehnte im Zeitgeschmack herumgedoktert worden ist. Heute soll er, wieder in seine ursprüngliche Form zurückgeführt, ein Flächendenkmal werden. Am Anfang des Hainweges steht der Liuba-Stein für die wendische Vergangenheit des Landes. *Liuba* ist die slawische Göttin der Liebe und Fruchtbarkeit. Irgendwo unter den mächtigen Eichen in der Tiefe des Hains soll sie verehrt worden sein.
Alte Eichen, Erlen, Buchen und Eschen umschließen dann auch den Weg. Ihr dichtes Laub läßt die Schritte dumpf widerhallen. In solchen Augenblicken ist die nahe Stadt vergessen.

Postmeilensäule vor dem Lübbener Hain (K. Esche)

Wiesen schließen sich an, die im Frühjahr mit Anemonenblüten bedeckt sind, das Flüßchen Berste kreuzt den Weg.
Ist der Auenwald durchquert, so sind hinter dem dreiteiligen Eingangsportal die ersten Häuser der Vorstadt erreicht.
Auf dem ehemaligen *Hainfriedhof* von 1824/72 liegt neben dem *Sowjetischen Ehrenmal* General Heinrich August Lessing begraben, ein Neffe des Dramatikers. Der General war Kommandeur der sächsischen Garnison in Lübben.
Auf der Friedenstraße geht es zum Bahnhof, mit der 1866 errichteten Pappenfabrik auf der linken, und dem Hauptfriedhof auf der rechten Seite. Auf seinem Areal wurde noch 1872 Wein angebaut. Etwas weiter erinnert das Denkmal vor einem Lokal an den mittelalterlichen Weinbau in der Umgebung von Lübben.

Wenn der Storch auf dem Dach sitzt, schlägt das Gwitter nicht ein. Wenn aber der Blitz einschlägt, wirft er seine Jungen zuvor herunter und schleppt Wasser mit dem Schnabel in das Nest. Wenn er sein Nest verläßt, oder Eier oder Junge herunterwirft, kommt Feuer aus und das Haus verbrennt oder es kommen große Schloßen oder es geschieht sonst ein Unglück. Wo er auf dem Neste bleibt, brennt auch das Haus nicht ab, und wenn Feuer an einem Ende des Dorfes auskommen soll, bauen die Störche am anderen Ende ihre Nester, denn sie wissen ihr Unglück vorher und bleiben weg, wo es kommt.

Von Lübben nach Norden

Von Lübben erreicht man bequem zu Fuß oder mit dem Fahrrad den Unterspreewald. Auf einer Tagestour bleibt genügend Zeit, an den Fischteichen, in den Wäldern oder am Spreelauf mit seinen sparsamen Verzweigungen den Vogelflug, Wild, aber vor allem Kleintiere, Insekten und Pflanzen zu beobachten und sich daran zu erfreuen.
Der Streifzug könnte beliebig ausgedehnt werden. Dann allerdings besteht die Gefahr, unter dem Blätterdach der Erlen- und Eschenwälder tief im Innern des Unterspreewaldes ganz einfach die Zeit zu vergessen. Man käme bis nach Leibsch, dem nördlichsten Dorf des Spreewaldes.
Vorerst soll es aber genügen, über Lehnigksberge an Pfaffenberge vorbei in das Hartmanndorfer Tal, zum ersten der vier Fischteiche zu ziehen: der Weg durch das Durchbruchtal der Spree.

Die Berliner Chaussee führt durch Lübben-West. Dort biegt man zunächst rechts in die Hartmannsdorfer Straße ab. Das Neubaugebiet endet am bewaldeten Fraunberg, auf dessen Anhöhe sich ein Krankenhaus befindet. Seit 1459 stand auf dem Berg die Marienkapelle und von 1497 bis 1517 ein Kloster des Wilhelmiterordens, bis es irgendwann geschleift wurde.
Hinter den letzten Häusern geht man nach rechts und hält sich am Rande des Kiefernwaldes, bis man auf die alte Trasse der Spreewaldbahn stößt. Das ist heute ein breiter und sandiger Weg, den man nach links bis zum Pfaffenberge folgt. Dieser höchste Punkt der Dünenhügel liegt 63 Meter über dem Meeresspiegel und erhebt sich, kiefernbewachsen, fünfzehn Meter über die Niederung.
Von dort geht der Weg links auf den Damm zum ersten Fischteich. Jede der vier Teichanlagen besteht aus mehreren zusammenhängenden Wasserfeldern: allein der erste Teich aus neun, die von Mai bis September unter Wasser stehen.
In nordwestlicher Richtung wird der Damm verlassen, und man wandert an Kiefernwald, verlandeten Wasserläufen und Torfstichstellen entlang, bis man auf einen Pfad vor der Hartmannsdorfer Chaussee nach rechts, am Bahnhof vorbei, an der "roten Brücke" zum Hochwasserschutzdamm abbiegen muß.

Der Name der Brücke von 1898 stammt von der Farbe des Backsteinbaus, über den die Bahnlinie Lübben-Beeskow führt.
Nach Norden reicht der Damm, entlang den anderen Karpfenteichen und dem Naturschutzgebiet Biebersdorfer Wiesen, bis nach Petkampsberg und Schlepzig.
Weiter in südlicher Richtung entlang der Spree, an die sich Wiesen anschließen, nähert sich der Weg bald wieder dem ersten Teich.
Wer sich Zeit nimmt und dazu noch ein Quentchen Glück hat, kann den Fischreiher beobachten, wie er mit gespreizten Schwingen hinunterjagt und kurz über dem Wasserspiegel - so als wolle er zur Landung ansetzen - die Füße nach vorn ausstreckt, den Kopf hebt, blitzartig mit seinen Krallen ins Wasser hackt - um mit seiner Beute unter heftigen Flügelschlägen wieder aufzusteigen und davonzufliegen.
Mäusebussarde schweben in der Ferne über den Wiesen, und auch Turmfalken, Möwen, Kormorane, Störche und Wildgänse kann man sehen.
Am südlichen Rand des Teichs erhebt sich aus dem Grün das betongraue *Wirtschafts- und Pegelhaus* der Anlage.
Mit dem Schöpfwerk wird Wasser aus der Spree in die Teiche gepumpt. Die Spree ist bis nach Petkampsberg verbreitert und vertieft, die Wassergräben und Fließe wurden in den Fluß gelenkt. Die Begradigung soll die durch Eindeichung und Anlage der Teiche weggefallenen Überschwemmungsflächen ausgleichen.
Weiter folgt man ostwärts der alten Trasse der Bahn bis zur Anglerschänke "Lehnigksberge", 1898 erbaut. Sie steht neben der Bahnbrücke über die Spree. Von dort kann man auf zwei Wanderwegen zurück nach Lübben gelangen. Der eine führt von Lehnigksberge nach Süden, westlich der Spree, im Wiesenland des Überschwemmungsgebietes an der Berste entlang durch eine Gartenanlage bis nach Lübben.
Der andere folgt ab Lehnigksberge der ehemaligen Schmalspurtrasse. Man überquert zwei Eisenbahnbrücken, die über die Spreearme führt, folgt dem Deich nach Süden, begleitet von Überschwemmungswiesen zur Rechten und Äckern des Lübbener Nordpolders zur Linken.
Über einen sogenannten Schweißgraben, der neben den Deichen das Sickerwasser sammelt, gelangt man durch einen kleinen Auenwald in den Ostteil der Stadt.

ExtraTour

Von Lübben zum Randdorf Alt Zauche

INFORMATIONEN ZIMMERNACHWEIS

Fremdenverkehrsverein Alt Zauche
Siedlung 5a
7551 Alt Zauche

ESSEN & TRINKEN

Gasthof Hempel
Hauptstr. 24

KAHNFAHRTEN

Durch den Hochwald nach Burg, nach Absprache Picknick-Fahrten
Auskunft:
Fremdenverkehrsverein Alt Zauche

Es gibt sicher schönere Wege als den nach Alt Zauche. Doch Alt Zauche und andere Randdörfer des Spreewaldes galten vor dem Krieg als beliebte Ausflugsziele, so die Dörfer Boblitz und Raddusch im Süden und Straupitz und eben dieses Alt Zauche im Norden. Mit der "sozialistischen Umgestaltung" des Landes ließ man sie einfach aus den Reiseführern verschwinden. Die Dörfer hatten nur noch die Aufgabe, landwirtschaftlicher Großbetrieb zu sein, oder zählten zum Einzugsbereich der Kraftwerke.

Die Zwölf-Kilometer-Tour beginnt in der Gubener Vorstadt im Osten von Lübben und führt an der Straupitzer Chaussee entlang in Richtung Radensdorf.
Rechts der Straße reichen Wiesen und Felder im trockengelegten Nordpolder bis zum Nordumfluter. Dem linken Straßenrand folgte ehemals die Trassenführung der Spreewaldbahn, auf die nur noch der sandige Weg hindeutet. Den anschließenden Kiefern-Mischwald konnte man wohl damals schon in beschaulicher Fahrt aus dem Fenster der Bahn heraus sehen.
Am Ortsausgang des märkischen Straßendorfs Radensdorf in östlicher Richtung, nahe Burglehn, wo bis vor kurzem in nasen- und architekturunfreundlichen Kuhställen 50 000 Rinder aufgezogen wurden, biegt man rechts am Waldrand ab und gelangt über einen Wiesenweg nach Alt Zauche, ein etwa 500 Einwohner zählendes Dorf wendischen Ursprungs.

Ein Müller hatte eine Ziege an einen Windmühlenflügel gebunden und vergaß sie loszubinden. Dann ließ er die Mühle gehen. Da ging die Ziege mit dem Mühlenflügel in die Luft und schrie: "Mä ä ä ä ster, ich ziehe fort." Der Meister sagte: "Wo wirst hin?" Die Ziege: "I i i i n Him m melreich." Meister: "Kommst bald wieder?" Ziege: "Ni i i m m mermehr!"

Vor den Nachkriegsrodungen und dem Bau des Nordumfluters reichte der Erlenhochwald bis auf wenige hundert Meter an das Dorf heran. Die Naturbelassenheit und das Luch, in dem Karpfen gezüchtet werden, machten aus dem Dorf eine Berliner Sommerfrische.

(Fremdenverkehrsverein Alt Zauche)

Heute lohnt sich die Erwähnung des Dorfs noch wegen seiner Abgeschiedenheit. Durch die neuerlichen Unternehmungen, mit denen sich Alt Zauche wieder dem Fremdenverkehr öffnen will, wird es auch als Quartier-Tip interessant: Fachwerkhäuser werden renoviert, an einem Fährhafen wird gearbeitet, ein Terrassencafé auf einem Bauernhof soll eröffnet werden.
Auf einer Landpartie am Nordumfluter entlang gelangt man westlich durch bewirtschaftetes Weidenland zu einem dichten Laubgehölz mit dem Gasthof "Bukoitza". Von dort geht es in südlicher Richtung bis tief in den Wiesenspreewald hinein.
Ein anderer Weg führt in südlicher Richtung aus Alt Zauche hinaus auf einem Deich am und über den Kanal bis in den Hochwald zur Försterei "Schützenhaus", die zu einer Naturschutzstelle ausgebaut werden soll.

Schlepziger Dorfkirche (K. Esche)

INFORMATIONEN ZIMMERNACHWEIS

Gemeindeverwaltung Schlepzig
Dorfstraße
7551 Schlepzig
☎ Schlepzig 265

ESSEN & TRINKEN

Künzel
Dorfstr. 41

WOHNEN

Schullandheim Unterspreewald
Dorfstr. 36
☎ 288
Paddelbootverleih; Führung durch den Buchenhain

Schlepzig (Slopisca)

Von Lübben geht die Reise in nördlicher Richtung auf die F 87. Nach dem Abzweig Märkisch Buchholz fährt man unter dem Laubdach der Allee durch hügeliges Land, an Kiefernwäldern vorbei, bis der Wechsel zu Wiesen und Feldern den nahen Unterspreewald signalisiert.
Nach dreizehn Kilometer Fahrt sind bereits die ersten Fachwerkhäuser von Schlepzig erreicht - günstiger Ausgangspunkt für Touren quer durch den Unterspreewald.
Ein Teil des 1004 erstmals urkundlich erwähnten Ortes zieht sich als typisches Straßendorf an der Hauptstraße entlang. Es breitet sich an der Kirche etwas aus, um mit einer scharfen Rechtskurve der Straße sich schnell wieder in vereinzelte Gehöfte, Gemüsefelder und Wiesen zu zerstreuen.
Über Jahrhunderte lag Schlepzig abgeschieden inmitten des Sumpflandes der Niederung. Auch der slawische Name des Dorfes "Slopisca" verweist auf Erdnähe. Er läßt sich auf "Wurzel", und im

(K. Esche)

MUSEUM

Agrarhistorisches Museum
Mo-Fr 9-16 Uhr
Sa-So nach Vereinbarung

KAHNRUNDFAHRTEN

nach Lübben und durch das NSG Buchenhain
Auskunft:
Fährmannsgenossenschaft
c/o W. Lehmann
Dammstraße
oder c/o Schumann
Bergstraße

Niedersorbischen auf "lehmartiger Boden" zurückführen. In Kriegszeiten war Schlepzig der Zufluchtsort der Lübbener Bürger.
Im Jahre 1769 wurde das Walddorf fast vollständig durch ein Großfeuer zerstört. Danach entstanden die heutigen Gehöfte und die Fachwerk-Kirche.
Dieser gegenüber sitzt hinter dem einzigen Gemüsestand eine Frau mit Kopftuch in der Sonne. Neben ihr hat ein Maler seine Staffelei aufgestellt und Farben ausgebreitet und arbeitet am dritten Blatt mit demselben Motiv: Schlepziger Höfe mit Kirche.
Hinter einer Brücke beginnt Richtung Krausnick der zweite, noch abgeschiedenere Teil von Schlepzig.
Die zweihundert Jahre alten Gehöfte stehen unbeeindruckt von der Zeit und gleichen eher einer Inselsiedlung. Nur gibt es hier kein Meer, sondern dichten Laubwald, der gleich hinter den Gärten beginnt. Nur ab und zu tuckert ein Traktor, ist eine alte Frau im Vorgarten zu sehen, kreischt eine Motorsäge.
Aus der Mitte der Hofanlagen hebt sich die mit Reklame gepflasterte Fassade des Lokals "Zum Unterspreewald" mit "Getränkestützpunkt" heraus. Früher gab es ein Gesetz, das Reklame jeglicher Art im gesamten Spreewald verbot.
Der bekannte Teil Schlepzigs endet an der Brücke über die Hauptspree beinahe abrupt. Der Besucher ist an der Schlepziger *Abfahrts-*

(K. Esche)

stelle der Spreewaldkähne angelangt. Sie fahren von hier aus in das Naturschutzgebiet Buchenhain, nach Leibsch und Lübben.
Zwei Parkbänke und ein Haltestellenzeichen gibt es, die Farbe blättert ab, und die handschriftlichen Abfahrtszeiten hat die Sonne bis zur Unleserlichkeit gebleicht. Die von Gänsen kurzgeschorene Rasenfläche sorgt für einen gepflegten Eindruck.
Auf der anderen Straßenseite steht der Gasthof "Zum Grünen Strand der Spree", der, wie so vieles andere auch, geschlossen bleibt bis zur Klärung der Eigentumsverhältnisse. An seiner Stelle befand sich bis zum 17. Jahrhundert ein 1374 erstmals erwähnter *Eisenhammer,* der den tonhaltigen Raseneisenstein der Gegend verarbeitete; daneben steht die 1740 erbaute *Öl-* und *Schneidemühle*, unter der die Spree durch ein Wehr gezwängt wird.
Von dieser Stelle aus führen verschiedene Wanderwege zu den Feuchtbiotopen an den Deichen oder nach Petkampsberg im Süden und in die unberührten Wälder im Nordwesten.

Von Schlepzig in den Buchenhain

Auf der Wanderung durch das Tal der Urspree, das Naturschutzgebiet Buchenhain, taucht man ein in die Tiefen und die Eigenartigkeit der Wälder des Unterspreewaldes.

Den Buchenhain durchströmen Bäche, Kanäle und Fließe. Seltene Vögel, wie der Eisvogel, Libellen und weit über 500 Schmetterlingsarten beleben die feucht-nassen Wälder und Auen.

Vom Schlepziger Hafen geht man auf der Krausnicker Landstraße, die sich über die Überschwemmungswiesen erhebt. In Höhe der folgenden Linkskurve durchzogen früher Spreearme die Wiesen. Die Mühlspree ist solch ein Altarm, dessen Flußbett noch zu erkennen ist. Hinter der Brücke über das Zerniafließ wandert man dann links, dem breiten Fließ folgend, an der neuen Schleuse vorbei und biegt vor der Quaasspree auf den *Archedamm* nach rechts ab. Arche war der alte volkstümliche Name für ein Stauwehr. Und dieser von Eichen, Erlen und Eschen eingefaßte Damm ist der älteste des Unterspreewaldes. Schon im 14. Jahrhundert staute er bei Niedrigwasser die Spree an, um die alte Wehrmühle am Hafen anzutreiben. Das neue Wehr an der Quaasspree entstand erst 1981, als das "Jahrhunderthochwasser" die alte Anlage weggespült hatte. An der Mündung des Zerniafließes in die Quaasspree stehen die verstrauchten Wiesen fast das ganze Jahr unter Wasser.

Am anderen Quaasspree-Ufer ist hinter dem Erlensaum eine Gruppe von Eichenbäumen zu erkennen. Dorthin flüchtete während des Dreißigjährigen Krieges ein Lübbener Pastor namens *Hutten* mit seiner Gemeinde und muß dort mindestens drei Jahre ausgeharrt haben, denn das Schlepziger Kirchbuch vermerkt, daß der Pfarrer auch für die Schlepziger Gemeinde in diesem Zeitraum Gottesdienste abgehalten hat.

Am Weg breiten sich nun Tümpel aus. Sie sind Reste verlandeter Wasserläufe, die sich zu Feuchtbiotopen entwickelt haben und aus denen das Summen und Schwirren von Libellen und Mücken aufsteigt.

Hinter dem Schiwastrom beginnt der südliche Teil des eigentlichen Naturschutzgebietes.

Ein Teil des Buchenhains steht eine lange Zeit im Jahr unter Wasser. Dort wachsen mächtige Erlen, an dessen Stammfüßen

(K. Esche)

riesige kissenförmige Bulten von Weißmoos wuchern. Nur eine Grasschicht, die in die Wasserläufe hineinzuwachsen scheint, liegt zwischen Erdreich und Wasserlinie. Die Fließe durchziehen beinahe ohne Bewegung die Wälder. In dieser abgelegenen Stille kann man sogar den Fischotter beobachten. Die Waldohreule und selbst der seltene Kolkrabe sind in diesen Wäldern zuhause, ebenso Milane, Spechte und Kraniche.

In kaum wahrnehmbaren Höhenunterschieden lösen Erlen-Eschenwälder, Moorbirken-Erlenwälder, und auf grundwassernahem, etwas trockenerem Boden Hainbuchenwälder einander ab. Zwischen dem Grün des Buchenwaldes leuchten immer wieder Rotbuchen hindurch, bilden Eichenstämme die passende Kulisse für das Schauspiel Natur. Der Waldboden ist von Maiglöckchen, gelben Windröschen und Leberblümchen übersät. Der Weg wird von uralten Eichen und dem Puhlstrom bis zur Krausnicker Chaussee begleitet. Auf der anderen Straßenseite führt er wieder hinab an einem Wehr vorbei, in Eichen- und Buchenwälder hinein.

Dann eine Lichtung "Mollenhauers Hütte", auf der ein Bungalow steht. In ihm befand sich eine Werkstatt, in der Baumstämme zu Fleisch- und Brottrögen umgearbeitet wurden. Die Baumstämme wurden hierher geflößt. Von der Lichtung einige Schritte zurück, folgt man dem Pfad nun zwischen Kiefern nach links zum Forsthaus und gelangt in südlicher Richtung wieder zurück auf die Chaussee.

Von Schlepzig nach Petkampsberg

An den letzten Häusern Schlepzigs, vor dem Hafen, biegt die Dammstraße nach links ab. Die unbefestigte Straße umgeben Höfe, Fachwerk- und Blockhäuser, von denen eines originalgetreu rekonstruiert wurde. An der Giebelfront des Spreewälder Blockhauses hängt eine Schießscheibe.

Schützenfeste waren fester Brauch im Spreewald. Dem Sieger wurde nach der Ballerei seine Siegerscheibe mitgegeben, die dann, voller Stolz sichtbar ausgehangen, im Laufe der Jahre so manche Häuserwand schmückte.

Am Dorfausgang wird die Straße zum steinigen Feldweg. Auf der einen Seite wird man von Wiesen und Ackerland begleitet, auf der anderen, der Spreeseite, schließt sich ein Badeteich an, der mit der Spree verbunden ist.

Ein Teil des Teichs ist zu einem Feuchtbiotop umgewandelt worden, weil den Tieren und Pflanzen durch die Anlage der nachfolgenden Fischteiche Lebensraum im morastigen Wiesenareal verlorenging.

Der Weg bleibt nah den Karpfenteichen, die eher einem stillen See ähnlich sind.

Hinter einer Böschung, aus dem Geäst der Bäume schrecken Milane und Reiher nur wenige Meter vor dem Vorbeikommenden auf. So dicht schlagen die Vogelschwingen, daß man meinen könnte, den Windstoß zu spüren. Bald kehren sie nach einer Runde über den Teich auf ihren Platz zurück oder fliegen elegant zur nahen Insel. Auf diesen Inseln, in sämtlichen Fischteichen angelegt, können die Wasservögel ungestört brüten.

Der Weg wendet sich den beginnenden Kiefernwäldern zu. Ein Hochwasserschutzdamm führt am Wasser entlang. Man kann ihn als Fußgänger oder auf dem Fahrrad benutzen, obwohl Schilder auf ein Betriebsgelände verweisen. Am Ende stehen die Wirtschaftsgebäude der Binnenfischerei.

Danach geht es über einen Uferpfad zum *Campingplatz* und der Anglerherberge Petkampsberg. Das Lokal ist eine Holzbaracke mit Vorgarten und steht versteckt unter hohen Erlen auf einer Lichtung am Spreelauf. Trauerweiden hängen schwer über dem Ufer, und gelegentlich gleitet still ein Fährkahn vorüber.

INFORMATIONEN ZIMMERNACHWEIS

Gemeindeverwaltung Schlepzig
Dorfstraße
☎ Schlepzig 265

ESSEN & TRINKEN

Anglerheim
in Petklampsberg
Zimmer und Campingplatz der IG-Angler
☎ Schlepzig 291

Stilblüten in Petkampsberg (K. Esche)

Angler treffen sich regelmäßig in Petkampsberg und im Oktober findet ein Anglerfest mit dem "Abangeln" der Teiche statt.
Wer im Spreewald mit dem Paddelboot unterwegs ist, sollte hier unbedingt für eine Nacht seine Zelte aufschlagen oder die frisch renovierten Zimmer des "Anglerheims" ausprobieren.

In einem Hecht kann sich der Teufel niemals verstellen, weil der Hecht das ganze Gerät im Kopfe trägt, womit Jesus Christus ist gekreuzigt worden, das Kreuz, die zwei Kreuze der Schächer, Spieß, Hammer usw, alles ist darinnen. Darum kann auch kein Zauberer dem Hecht etwas anhaben.

(K. Esche)

ExtraTour

Von Schlepzig nach Krausnick (Ksuswica)

Die Landstraße von Schlepzig nach Krausnick führt durch Laubwälder aus dem Spreetal heraus, Wiesen und Felder schließen sich an. Nach drei Kilometern steigt die Straße leicht an, und die alte wendische Fischersiedlung Krausnick ist erreicht.
Sie wurde bereits 1004 urkundlich erwähnt. Der sorbische Ortsname bedeutet soviel wie Birnendorf.
Es ist denkbar, daß die Krausnicker, so nah und doch in sicherer

Erbschänke
Dorfstr. 66

Entfernung von den Unbilden der Niederung, den Wald- und Fischreichtum des Spreewaldes für sich zu nutzen wußten und damit indirekt Spreewälder sind.
Schon von weitem ist die hochgelegene *Kirche* sichtbar, ein einfacher Fachwerkbau in Kreuzform aus dem Jahre 1727. Das *Pfarrhaus* war früher ein Gutsschloß.
Friedrich der Große führte hier, wie auch in anderen Spreewaldorten, Seidenzucht und Weinbau ein.
Vom 63 Meter hohen Weinberg südöstlich des Dorfes schaut man weit über Wiesen und Felder bis zu den Wäldern des Spreewaldes hinüber.
Von Krausnick kann man in nordwestlicher Richtung zu den Krausnicker Bergen und weiter zum Köthener See aufbrechen. Der Wehlaberg dort erhebt sich 143 Meter aus den Kiefernwälder.

(K. Esche)

Leibsch (Lubus)

Leibsch ist das nördlichste Dorf des Unterspreewaldes mit wenig mehr als einer Handvoll Einwohnern.

Hier enden die Schutzdämme, vereint sich der Puhlstrom mit der großen Spree, die wieder zu einem "ordentlichen" Fluß wird, auf dem jetzt auch größere Schiffe fahren können.

Neben der Spreebrücke - die wenigen Häuser weisen in Richtung Neu Lübbenau - befindet sich die *Leibsche Anlegestelle* für die Fahrten mit dem Spreekahn. Auf einem Hinweisschild werden die Interessenten gebeten, mit dem Fährmann persönlich eine Vereinbarung zu treffen.

Leibsch ist ein unscheinbares Bauerndorf mit einigen backsteinernen Gehöften und vielen im "Zeitgeschmack" umgebauten Bauernhäusern.

Es kann zum Ausgangspunkt stiller Wanderungen werden; zum Beispiel nach Groß Wasserburg. Man geht über den Randkanal und

INFORMATIONEN ZIMMERNACHWEIS

Gemeindeverwaltung Leibsch
Hauptstr. 21
7551 Leibsch
☎ Neu Lübbenau 367

Gemeindeverwaltung Groß Wasserburg
Dorfstr. 6
☎ Neu Lübbenau 357

ESSEN & TRINKEN

Zum Goldenen Stern
Leibsch
Hauptstraße

Gaststätte Zum Köthener See
in Köthen

(K. Esche)

WOHNEN

Jugendherberge und Camping in Leibsch

südlich auf einem Damm durch Spreewiesen. Der Name des Ortes rührt von der ehemaligen Wasserburg her, an deren Stelle heute ein Forsthaus steht.
Ein Naturschutzgebiet, ein sumpfiger Erlenwald, in dem Waldschnepfen und Eisvögel brüten und Kraniche leben, liegt östlich des Dorfes.
Weiter an der Wasserburger Spree entlang kommt man zum Naturschutzgebiet *Buchenhain* bei Schlepzig.
Nordöstlich von Leibsch reicht der Spree-Dahme-Umflutkanal bis an den Rand des Spreetals nach Köthen und zum gleichnamigen See.
Das kleine Dorf steht auf sandigem, bereits märkischem Boden und reicht bis an den See heran. Kiefernwälder umgeben Köthen und umschließen die versteckt gelegenen Waldseen südlich des Dorfs. Dort kann man noch ungestört und in relativ klarem Wasser baden.

Mit dem geographischen Endpunkt Leibsch ist auch das Ende der Spreewaldreise erreicht.

Stichwortverzeichnis